仕事も部下の成長スピードも速くなる

# 1分ミーティング

ONE MINUTE MEETING

石田淳

行動科学マネジメント研究所所長

すばる舎

# はじめに

**「部下を変えたい」**

**「部下を成長させたい」**


そう願っているリーダー、マネジャーは多いことでしょう。

「でも、どうすればいいかがわからない」

「そもそも、時間がない」

いまこれを読んでいるあなたも、そうした願いをかなえるための参考に……と、この本を手に取っていただいたのかもしれませんね。


この本では、まさにリーダー、マネジャーであるあなたが部下を変え、成長させるための「理屈」と「ノウハウ」をご紹介します。

生産性、効率化が求められる「今」のビジネス界では、部下を「じっくり」育てるという時間的余裕はありません。

4

部下と「腹を割って」とことん話す……という暇も、ただでさえ自分のことで忙しいプレイングマネジャーにはないはずです。

とはいえ「仕事は先輩の背中を見て覚えるものだ」「何でも教えてもらえると思うな」的なマネジメントがこの時代にそぐわない、ということは、あなたは何となくわかっているのではないでしょうか？

また「自分で考えさせる」「自ら答えを見つけさせる」的なマネジメントではなかなか結果が出ない、ということも、実感しているかもしれませんね。

**〝生産性が上がり〟**
**〝部下が結果を出しやすくなり〟**
**〝部下の成長スピードが上がり〟**
**〝さらに部下の、そして自分自身の仕事が速くなる〟**

そんなマネジメントができたら最高だと思いませんか？

この本が、そして私が提唱する「行動科学マネジメント」が目指すのは、まさにそんなマネジメントなのです。

行動科学マネジメントは、アメリカのビジネス界で一般的となっている「行動分析学」という学問をベースとした科学的マネジメントに、効果測定に基づいた日本的な「人間関係を重視した」マネジメントの良い部分を掛け合わせ、日本に適するようにアレンジしたものです。

特徴は何といっても「行動」に着目することです。

唐突ですが、ここであなたに質問です。そもそも……。

「部下を変える」

「部下を成長させる」

とは、どういうことでしょうか？

部下が「やる気に満ちあふれて仕事に取り組むようになる」ことでしょうか？

部下が「積極的に会社のことを考えるようになる」ことでしょうか？

部下が「自分から学ぶ姿勢を持つこと」でしょうか？


リーダー、マネジャーの仕事は、部下に「やる気」を出させることでも、「積極的」にさせることでも、「姿勢」や「意識」を変えることでもありません。

部下が変わる、成長するとは、ずばり**「（より）実績を出すようになる」ということ**に他ならないのです。


「やる気満々だけど、結果に結びつかない」

「積極的だけど、実績は変わらない」

「真剣に学ぶけれど、身につかない」

……それでは意味がないのです。

では、部下が「実績を出す」ために必要なものとは何でしょうか？
それは**「行動」の積み重ね**です。

成果に結びつく行動を繰り返すことで、実績というゴールにたどり着く。モチベーションを高めようが、意識が変わろうが、それが行動に落とし込まれない限りは、部下が変わった、成長したということにはなりません。

言い方を換えれば、モチベーションや意識、心構えといった相手の「内面」の問題にまで踏み込むことはないのです。

「人の内面を変えるのは大変なこと」。あなたもそれをわかっているはずです。でも大丈夫。そんなことをする必要はないのです。

「行動」を変えてあげればいい。

この本で提唱するコミュニケーションのかたち=「1分ミーティング」は、部下の行動に着目し、それを変えるためのものです。

第1章では、「今」ビジネスの現場で起きているリーダー、マネジャーと部下のさまざまな問題について考えてみましょう。

効率化が求められ、人手不足でリーダー、マネジャー自身も実績を出すことが求められているにもかかわらず、それを阻害するものがあります。まずはあなたが直面している問題をあぶり出してみましょう。

第2章では、部下に実績を出させるために知っておくべき「人間の行動原理」についてお話しします。

これは「行動科学マネジメント」実践のために必須の知識。私の著書では何度か繰り返しお話ししていることですが、「1分ミーティング」を実践するための基本概念でもありますので、ぜひ読み進めてみてください。

第3章では、この本のポイントともいえる「部下とのコミュニケーション」の在り方について、行動科学的見地からお話しします。

「部下が求めているものは何か?」「部下と接する際に必要なこと、不要なことは何か?」等、〝わかっているようでわかっていない〟理想の接し方をあらためて考えてみましょう。

第4章では、なぜ多くの会社で「ミーティングがうまくいかないのか?」についてお話しします。

ミーティングが大事だからといって、やみくもにミーティングを行ってもうまくいくはずがありません。本章では、うまくいくミーティングとうまくいかないミーティングの違いについて、お伝えしていきます。

そして第5章で、私が最良と考える部下とのコミュニケーション法「1分ミーティング」の具体的なやり方を紹介します。

もちろんこのスキルは、多くの企業が導入、実践して成果を挙げたもの。ぜひあなたの会社でも取り入れていただきたいと思います。

この本で紹介している理論やスキルは、決して難しいもの、お金のかかるものではありません。あなたの会社でも、明日からすぐに実践できるものです。

ぜひお試しください。

# 第1章
# 「時間がない」「人が足りない」。なのに「会議・ミーティング」だらけ……

# 第2章

# 「1分ミーティング」をはじめる前の大前提

# 第3章 「1分ミーティング」の目的

# 第4章 なぜ、ミーティングはうまくいかないのか？

# 第5章 1分ミーティングの効果とやり方

# 第1章

「時間がない」

「人が足りない」。

なのに「会議・ミーティング」

だらけ……

001

# 「会議」「ミーティング」が生産性向上を阻害する

「ウチの会社は本当に生産性が低い」

「毎日毎日会議ばかりで、本当にうんざり」

そう考えているビジネスパーソンは大勢いることでしょう。

2019年4月、政府が推し進める「働き方改革」関連法案がついに施行されました。

長時間労働や残業といった、これまでの日本では「慣習」ともいえる働き方が是正され、そうした働き方を社員に強いる会社は、法のもとに「罰せられる」わけです。

今、すべての企業に「生産性」「効率化」が求められ、ダラダラと〝無駄な業務〟を行うことは、すなわち「罪」なことになっているのです。


にもかかわらず、多くのビジネス現場が、自社の生産性の低さに悩んでいて、その代表ともいえるのが、「無駄な会議」あるいは「意味のないミーティング」というわけです。

たとえばある企業の「営業部」ひとつとってみても、そこにどれだけの「会議」「ミーティング」が存在するか……。

――始業直後の「朝礼」（毎日）
――営業会議（月1回）
――チーム会議（週1回）
――リーダー会議（週1回）
――終業直前の「夕礼」（毎日）

さらに部署長クラスになれば、「経営会議」「企画会議」などがあったり、あるいは「もっと生産性を高めよう」というスローガンのもとに「生産性向上会議」なんてものがある企業も。

冗談のようですが、これも実際の例のひとつです。

これらのいくつもの会議が何かに役立っているかといえば……その効果のほどを実感できる人は少ない、というのが実情でしょう。

## その会議、本当に必要なのか？

そもそも「会議」とは、人が集まって何かを決定することです。

そして「ミーティング」とは、報告、連絡、相談の場であり、業務を進めていくための「打ち合わせ」といえます。

これを混同しているケースは多々あります。

「会議」と称していながら、実際は売上数字や業務の進捗に関する「報告」の場になっていたり、スケジュールや部署間の「連絡」が行われる、というケースです。

この本では「会議」というものの存在を否定するつもりはありませんが、多くの企業で行われている会議（という名称の集い）は、実際には「行わなくてもいいもの」が多々あるはずです。

たとえば私の知るある全国展開をしている製造業の企業では、月に一度の「営業会議」というものがありました。

これは全国各地の営業所の所長が、本社のある東京に集まり、それぞれの業績の報告や問題点を発表するというものです。会議自体の時間は2～3時間といったところでしょう。

各地方の所長が東京に集まるということは、遠方の地方の所長にしてみれば「出張」ということになります。2～3時間で終わる業務ではなく、1～2日という時間を「会議」に充てなければならない、ということです。

また、その際にかかる出張経費もばかになりませんし、会議出席のための日々の仕事の調整も簡単なことではないでしょう。そのためには所長だけではなく、秘書や部下も調整作業を強いられる場合もあるはずです。

2～3時間の会議のために、1日、2日をかけなければならない……。そしてその会議で行われていることといえば、「数字の報告」がメイン……。

もうお気づきかと思いますが……

**「そんなことならメール（あるいはチャット）で十分」**

なのです。

メーリングリストを作成し、各人が求められる数字（実績等）とコメントを入れ、これに上からのコメントが与えられるかたちにすれば、何も大勢が東京に集まる必要はありません。

もちろん、わざわざ「これが効率的な会議のノウハウです」などと言うつもりはありません。少し考えれば誰もがわかることです。

また、そもそも会議に参加する側にも、「なんで自分がこの会議に出なければならないのかがわからない」という人がいます。

会議を招集する側に理由を聞いてみると……。

「この人も呼ぶならあの人も呼ばないとヘソを曲げるから、バランスを取るためにとりあえず招集したんです」

と、真顔で言ったりするのです。

「生産性向上」「効率化」「時短」が叫ばれるなかにおいても、このような例はいくらでも存在します。

# 002

# 毎日、会議・ミーティングの嵐で「残業」「休日出勤」が常態化……

## 「会議の時間が長い。何も決まらないままに無駄な時間を費やしている」
## 「他にやるべき業務があるのに、会議があるせいでできない」

というのも、よくある現場の声ですね。

無駄に長い会議……これは言うまでもなく「会議で何を決めるか」というゴールが設定されていないからです。

また、終了時間も定めていないことが多く、「止《や》め時がわからない」ということもあります。

「この件について何か意見はないか……」

から始まって、誰からも発言がなく、仕方がなく上司が「議題」（〝話題〟と言ってしまってもいいかもしれません）を無理矢理ひねり出し、参加者一人ひとりに発言を促す……。

これが半日続くという企業の例もあります。

まさに時間の無駄。

たとえばその時間を他の業務に充てていたならば、一人ひとりの1日の業務はずっと早く終わるかもしれないのに、です。

「売上アップのために何かアイデアはないか？」

「今やるべきことは何か？」

などと、会議の場を**「大勢で集まってのシンキングタイム」にしてしまう**というのもよくあることです。

その時間にアイデアや意見を考え出さなければならないので、時間を費やしてしまうのは当然でしょう。

あるいは上司が一人で自分の意見を長々と述べるだけ、という状況も、よく聞くことです。

上司がずっと愚痴をこぼしているだけ。参加者はみな下を向いてシュンとしているだけ、という、意味のない時間ですね。

また、参加者がみな自分の意見を力強く発表し、会議の場自体は一見盛り上がったようでも、最終的には「何も決まらなかった」……ということもあります。

たとえば誰かが新企画のアイデアを思いつき、発言する。

「それ、いいね」

「もっとこうしたらいいんじゃない？」

「いけそうだね」

と、誰もが目を輝かせて「俺も私も」とばかりに発言するのですが……。

具体的に**「誰が何をやるのか？」「いつまでにやるのか？」**などはまったく決まっていないという状況です。

これもゴール設定をしていないがために起こる時間の無駄であり、言ってしまえば、それなら「飲み屋で盛り上がっていても同じ」ということになります。

貴重な業務時間を、こうしたことに使っている場合ではないのです。

## 「参加することに意義」はあるのか？

さらに悪いのは、そうした無駄な会議が「数多くある」ということです。

冒頭で述べた例のように、「(自分が出席しなければならない)会議の種類が5つ以上」なんていう例はザラにあります。

「会議に出席しているだけで1週間が過ぎてしまいますよ……」などという嘆きは、

何人ものビジネスパーソンから直接聞いています。

私の知人で、とあるベンチャーのプロモーション会社の企画担当部署で働く30代の男性がいます。

彼が会社から与えられた役割は、主にプロモーション用のキャッチコピーを作成したり、ウェブサイトのデザインを管理する〝実務〟が中心です。

しかしご多分に漏れず、彼もまた多すぎる会議やミーティングの犠牲となっています。

自分が直接関わらない別企画でのアイデア出し会議、実務から離れた売上報告会議、現場の代表が集って問題点を洗い出す業務改善会議……。数々の会議が、彼の出席を要請します。

「今後の企画の参考になるから」

「何かアイデアがあればぜひ意見を聞かせてほしいから」

**「居てくれるだけでいいから」**

……自分の業務に直接関わらない会議にも参加しなければならず、当然、休む暇などありません。

それどころか、本来着手しなければならない緊急案件も、会議の予定があるため、後回しになってしまうことも。

これでは本末転倒です。

各種会議の存在そのものに意味がないかといえば、必ずしもそうとは言い切れません。それぞれの会社によって、さまざまな種類の会議がある……。それは当たり前であり、無理矢理画一化することはないでしょう。

しかし、「参加すること」だけに意義がある会議などは、まったくの無駄。

そんな人が、本来行わなければならない業務をいつやるかといえば……「残業」や「帰宅後」、他の社員がいない「休日出勤」というのが現実です。

業務時間内に業務が終わらない。なぜなら、無駄な時間が多すぎるから……。

「働き方改革」関連法案が実施されているなか、〝このままではいけない〟ということは、誰もがわかっているはずなのですが……。

# 003

# ムダな会議や
# ミーティング。
# 見直すなら、今

実はこの「無駄な会議が多すぎる」「会議、ミーティングに時間が取られて、他の業務が進まない」という事実には、部下のみならず、多くのリーダー、マネジャー、あるいは経営のトップ陣もすでに気づいています。

そして、「働き方改革」「人口減少」というキーワードが重視される時代において、「従来どおりのやり方では、生産性の向上は図れない」ということも、重々承知しているでしょう。

だからこそ、私たちの行うリーダー研修、経営者のための講演などでも、「会議を見直したい」という要望が多く寄せられるのです。

しかし、会議・ミーティングの改革にスピーディーに着手する企業はあまり多くはなく、逆に「会議・ミーティングの在り方はこのままがベスト」と、自信を持っている企業もあるほどです。

「無駄な会議」がなかなか改善されることがない……。

その理由は何かといえば……。

## 「これまでずっと、そうしてきたから」

ということに尽きます。

大企業であればあるほど、歴史のある会社であればあるほど、これまで行ってきた〝やり方〟を変えてしまうことに躊躇します。

特に日本の会社は「従来」のやり方にこだわり、固執する傾向が強いように思われます。

「先人の培ってきたやり方を変えることを良しとしない」

悪い言い方をすれば、自分がこれまでのやり方を破壊する当事者にはなりたくないという、さまざまな分野で見られる「官僚的」思考です。

## 「慣習」として受け継がれる「悪習慣」

さらに問題なのは、こうした「無駄な会議を行う」ということが、企業のスタイルとして「ループ」してしまう点です。

たとえば前に述べた「大手製造業の営業会議」でも、各支店から集められた営業所長が数字の報告をし、上から「さらに営業活動に力を入れるように」という何ら具体性のない叱咤を受けたとします。

すると営業所長たちは、自分の営業所に帰り、マネジャー、チームリーダー等の幹部を集めた会議・ミーティングで、同じように「さらに営業活動に力を入れろ！」と叱咤します。

次にはマネジャー、チームリーダーが現場のプレイヤー（営業スタッフ）を集め、「さらに営業活動に……」と同じように檄を飛ばすのです。

このように「無駄」が伝播され、その都度にスタッフは貴重な時間を奪われているのです。

また、こうした「ループ」、悪習慣を続けていることは、当然のことながら、慣習を知らない（あるいは否定している）若手社員からの反発を招きます。

第2章で詳しくお話ししますが、人材不足の今、そしてこれからの時代には、若手社員が定着しない会社は非常に危機的状況に置かれることになるでしょう。

## このままでいいはずがない

「かつてはうまくいっていたもの」が「現在(あるいは未来)では通用しない」という例が、ビジネスの世界にはいくらでもあります。

たとえば「営業のスタイル」。

**「営業は経験・勘・度胸が大切である」**

という「K・K・Dスタイル」を尊重する主に40〜60代の〝古いタイプ〟の営業パーソンの存在は、あなたもピンと来るはずです。

「こざかしい理屈よりもとにかく経験。まずは数を打つことが大事」
「ここぞというときには自分の『勘』を信じるべし」
「新米は先輩の〝背中〟を見て仕事を覚えるものだ」

「仕事を教えてもらおうなんて甘い。仕事は見て〝盗む〟ものだ」

といった価値観を持つ、いってみれば「職人気質」の営業パーソンの在り方は、かつては別におかしなことではありませんでした。

しかし、この価値観が現在でも通用するかといえば、残念ながらそんなことはありません。

高度経済成長、あるいはバブル期であれば、自社の商品を買ってくれる顧客はそれこそいたるところに存在したでしょう。

そんな時代であれば、「数打てば当たる」ことは自然であり、成功体験を積み重ねることもでき、あるいは失敗しても、そこから何かを学び取り次に活かすという余裕は十分ありました。

しかし、現在はどうでしょう?

効率化を是とすることが「法律」として定められ、顧客そのものの絶対数が減り、マーケットが収縮している＝人口減少の真っ只中に我々はいます。

そんななかで、昔ながらの「Ｋ・Ｋ・Ｄスタイル」を貫くことは、大げさにいってしまえば「暴挙」とさえいえるでしょう。

会議・ミーティングの在り方ももちろん同様です。

「会議はちゃんと参加することに意義があるんだ」

「大切な会議なんだから、他の仕事は後回しにしておけ」

「何？　まだ自分の仕事が終わっていない？　遅いぞ！」

……もはやそんな理不尽がまかり通る時代でないことは、あなたも十分おわかりでしょう。

「先人が培ってきた」これまでどおりのやり方が、効率化、生産性向上を求める時代に合うわけではないのです。

「ビジネスにおけるすべての業務は、これまでのやり方を見直さなければならない局面にある」

ということを、あらためて肝に銘じましょう。

004

# 成果に結びつかない会議や研修はやめなさい

マネジメントにおける「これまでの慣習」でよく聞く例に、企業独自の「社内研修」「社内セミナー・勉強会」というものもあります。

実はこれもまた会議・ミーティング同様、効率化、生産性向上のために多くの企業が見直すべきものだといえるでしょう。

その大きな理由をずばり言ってしまえば、それらが**「成果に結びつく行動につながらないから」**です。

「モチベーションを上げる」
「問題意識を持つ」
「仕事を好きになる」
「話し上手になる」

後に詳しくお話ししますが、これらはすべて「行動」と呼べるものではありません。

そして、少し意地悪な言い方に聞こえるかもしれませんが、どんなにモチベーションが上がったとしても、問題意識に気づいたとしても、仕事を好きになったとしても、話し上手になったとしても、それが「行動」に落とし込まれていなければ、決して成果を挙げることはできないのです。

ところが、企業で開催されている研修、セミナーは、スタッフの「内面」に訴えかけるものが多いようです。

たとえば読書会や、異業種のプロフェッショナルを招いた講演など……。

もちろんこれらがまったくの無意味であるというつもりはありませんが、今は、スタッフの内面に〝種をまき〟、あとは各人次第……というスタイルが許されるような時代ではない、ということです。

「これまではそうした催しが好評だった」というだけで、それを繰り返す理由はもうありません。

――会議・ミーティング

――営業スタイル

――社内研修、セミナー類

これらに共通するのが、**「(過去〜現在までの)踏襲」**です。

「働き方改革(法案の実施)」

「人口減少」

という、時代が変化していることがはっきりとわかるキーワードが提示された「今」だからこそ、古き、悪しき慣習を踏襲することをストップさせるには、絶好のチャンスなのです。

## 悪しき踏襲を〝整理整頓〟する

では、悪しき踏襲を絶つことで労働時間の〝整理整頓〟をして、企業の存続を図る実働者は誰かといえば、それは現在のリーダー、マネジャー、そして次世代マネジャーとなる人たちです。

もちろん企業の方向性を示す意思決定者は、経営者・経営陣であり、役職なしの若手社員やパート、アルバイトに至るまでのすべてのスタッフの行動がなければ、新しい流れを築くことはできません。

しかし、新しい試みを実行へと導くのは、現場のトップ、すなわちチームリーダーやマネジャーの業務です。

いかに経営トップが未来に向けた的確なビジョンを掲げたとしても、優れた計画を立案したとしても、そのビジョンや計画が社内のスタッフに浸透し、行動に落とし込まれ、さらに定着しなければ、まるで意味がありません。

また、役職のないプレイヤーたちは、経営トップの考えに耳を傾けたり、その考えを自分なりに解釈して仕事に反映するなどということはあまりしないでしょう。

## 「出る杭は打たれる」

これが日本の企業のスタンダードな考え方です。

余計な提案などせずに、言われたことをやっていたほうが無難。

会議・ミーティングでいえば、発言してもしなくても同じであれば、何も発言しないほうがいい、ということです。

このしわ寄せが集まるのは、他ならぬ「現場のトップ」です。

上の人間は、得てして現場で何が起こっているのか、何が問題となっているのかを理解できません。ですから、残業が多い、生産性が低い、という問題が露見した際には、**「マネジャーは何をやっているんだ！」**となるわけです。

また、前述のように、部下は経営トップ陣の考えなど考慮しません。

部下にとっては、「直属の上司」こそが「会社」の象徴なのです。直属の上司がどのような考えで指導しているか？　直属の上司がどんな指示を出しているか？　直属の上司がどんな発言をしているか？……それが、部下の考える「会社の在り方」そのものなのです。

リーダー、マネジャーは非常につらい立場だといえます。

だからこそ、無駄を排除し、上からも、下からも不満が来ないように、今から「施策」を打たなければならないのです。

# 005

# プレイングマネジャーの憂鬱

リーダー、マネジャーにとって、さらに厳しい話をしなければなりません。

それは「プレイングマネジャー」の問題です。

「プレイングマネジャー」……つまり、部下マネジメントもしつつ、自らもプレイヤーとして売上を立てるための実働をする職種ですね。

このプレイングマネジャーは、あらゆる企業に存在します。

そして今、実情として企業が必要としているのが、プレイングマネジャーです。


かつて、人材にも経済にも余裕がある時代背景においては、「ずっとプレイヤーとしてやっていく」のか、「一線からは身を引いて後進のためにマネジャーとなる」のか、という選択の余地がありました。

しかし今は、そのようなことを言っている余地はありません。

「部下を育成しつつ、売上も立てる」

これが当然のように求められるのです。

その原因は、言うまでもなく「人口減少」。働き手の不足です。

**「マネジャーもやってもらわなければならないし、とはいえ、売上も立ててくれよ」**

というのが、企業側の切実な願いなのです。

日本の企業は「優秀なプレイヤーが、その出世の先としてマネジャー職に就く」というスタイルが主流です。

優秀な営業パーソン、ヒット企画を生み出した製作者など、「会社の売上」に直接貢献した人が、マネジャーとなる……。「優秀な選手が引退して監督になる」という、日本のプロ野球のスタイルですね。

しかし、名選手が名監督になるとは限らないように、プレイヤーとして成果を出してきた人が部下育成にも長けているかといえば、必ずしもそんなことはありません。中にはリーダー、マネジャーとしての力を発揮し、チームに成果をもたらす人もいるでしょうが、それはその人が「優秀なプレイヤーだった」こととは、直接は関係のないことです。

プレイヤーとマネジャーはまったく違う仕事。

にもかかわらず、企業は両方の役割を求めているのです。

# プレイングマネジャーはプレイがしたい？

基本的に、「優秀なプレイヤー」としてマネジャーになる人は、プレイ＝売上を上げる仕事が好きだという傾向があります。

「お客さんに会いに行きたい」

「現場に出たい」

「取材に行きたい」

「企画書を書いていたい」

といったように、優秀なプレイヤーは自分のプレイに専念して「結果」を出したいのです。

そして、そのことを企業側も求めている。

しかし、部下にも関わらなければならない。

中間管理職として、無駄とはわかっていてもさまざまな会議に参加しなければならない。

これでは当然、ストレスも抱えることになるでしょう。

今、多くのプレイングマネジャーが大きなストレスを抱え、私の知るところでも、心身を病み、薬を服用するに至っているケースもあります。

さらに難しいことに、今の若手社員は、上司に「教えてもらう」ことを望む人が多いといいます。

顕著なのは、営業職です。

「営業の若手社員が定着しない」

という悩みを私たちに訴えてきたある中間管理職の人がいました。

私のスタッフが実際にその会社の若手社員にヒアリングしてみると、彼ら彼女らは

**「上司、先輩が何も教えてくれないんで、困るんです」**といいます。

そう、経験、勘、度胸の「K・K・D」スタイルで育ってきたリーダー、マネジャーは、部下育成においても「背中を見て覚えろ」なのです。

今の若手社員にしてみれば「何ですか？　それ」という話でしょう。

だから、人材が定着しない。「営業部って、仕事を教えてもらえないらしい」とい

うことで、営業職を希望する人もほとんどいないということです。

## 社内に及ぼす悪影響

そんななかでの、プレイングマネジャーの本音は、こうでしょう。

**「だったら自分だけで売上を上げてやるよ……!」**

私の知るケースでは、「チーム内の仕事の9割はマネジャーがこなし、売上も上げている。残りの1割を5人のスタッフがやっている」という、大変なものもあります。

そして、社内では無駄な会議・ミーティングが頻発します。

お客さんのところに行きたくても、行けない。

現場に出たくても、出られない。

では、どうするか?

時間を捻出するしかありません。

どうやって捻出するか？

そう、残業、長時間労働です。冗談ではなく、「時代に（あるいは国に？）背いた働き方」をするしかないのです。


リーダー、マネジャーのこうした働き方は、当然社内に悪影響を及ぼします。

「自分はこんなに頑張っているのに、どうしてみんな売上を上げられないんだ！」と、会議・ミーティングの場で延々説教をするリーダー。

自らが「仕事のやり方を教える」ことを放棄したにもかかわらず、です。

深夜まで会社に残り、残務処理をするマネジャー。

その姿を目の当たりにする部下は、とても自分だけが定時に帰るなんて勇気はありません。特にどんな作業をすればいいかもわからず、ただダラダラと職場に残ることになります。


あるいは「自分のこの頑張りを見ろ！　仕事っていうのはこんなふうに取り組むものなんだ」と、ある種のパフォーマンスをしている上司もいます。

「仕事は先輩の背中を見て覚えろ」的なマネジメントを実践しているつもりなのかもしれませんね。

「部下にとっては、『直属の上司』こそが『会社』の象徴」

というお話をしました。

「自分が売上を上げればいいだろう（だからチームメンバーには仕事を教えない）」

「そのためには残業だって当たり前」

**「かつてはこれが普通だったんだ。今までどおりのことをやって何が悪い？」**

そんな直属の上司の下にいるスタッフは、自社のことをどう捉えるでしょうか？

これはプレイングマネジャーだけの問題ではないのです。

006

# 最大の課題＝「時間がない！」をどう解決するか？

「無駄な会議」

「意味のないミーティング」

これらが存在していたとしても、極端にいえば、それでも企業としての成果が出ていて、残業、長時間労働の必要もないのであれば、それはそれで構わないことです。

私は会議・ミーティングの存在そのものを否定しているわけではありません。


「売上を上げる」＝「成果を出す」

「生産性を向上させ、長時間労働を是正する」


今、企業に与えられた大きな命題はこの2つです。

前者は利益を追求し存続するために、会社組織として普遍の命題です。

そして後者は、これからの企業すべてに国から課せられた「法規制」です。

かつてはこの2つは矛盾するものともいえ、成果を出すには仕事に精を出して、他人（他社）の倍働けば、それだけ成果は出る、ということが信じられ、美徳とされていました。

今は、それが〝許されない〟のです。

そしてこの新しい流れの中心となって企業を引っ張っていくべきリーダー、マネジャーは、「プレイングマネジャー」として多大なストレスを抱えています。

では、〝まず〟どうするべきか？

その第一歩がわからずに、多くの企業が悩んでいるのではないでしょうか？

単純に「今日から残業禁止！」としてしまえば、もう会社が機能しない、なんていうケースが多くあるはずです。

何からはじめれば、限られた時間のなかで成果を出すことができるのか？

「成果を出す」ためには、「成果に結びつく行動を取る」ことが必要です。

何をすればいいいか？

言い換えれば「どんなことをすれば社員が成果に結びつく行動を取れるようになるか」ということでしょう。

次章から詳しくお話ししていきたいと思います。

## 1minute Action!

- [ ] 1カ月で参加している会議やミーティングをすべて紙に書き出す
- [ ] それぞれの所要時間を書く
- [ ] 成果に結びつかない会議、自分が参加しなくてもいい会議に印をつける
- [ ] 成果に結びつかない会議は、やめることを提案してみる
- [ ] 自分が参加しなくてもいい会議は、欠席してみる

# 第2章

# 「1分ミーティング」をはじめる前の大前提

# 007

# 「成果の出る行動」のしくみを知る

この章では、無駄な会議・ミーティングなどを廃し、プレイングマネジャーのみならずすべての社員が貴重な時間を効率的に使うために必要な「基本知識」についてお話ししたいと思います。

「1分ミーティング」を習慣化するにあたっての大前提となるべきものですので、ぜひ覚えておいてください。


基本知識……それは「人間の行動原理」のことです。


ビジネスにおいて成果（＝業績アップ）に直結する行動を、行動科学マネジメントでは「ピンポイント行動」と呼びます。

このピンポイント行動を部下に取らせることこそが、「部下に成果を挙げさせる」ということであり、リーダー、マネジャーの最大の役割となります。

具体的にピンポイント行動とはどんな行動を指すかといえば、これは業種、職種、役割などによってさまざまです。

ピンポイント行動を見つけるには、社内のハイパフォーマー（いわゆる〝仕事ができる人〟）の行動をつぶさに観察し、どの行動が成果に直結しているかを抽出します。

もちろんこれは、リーダー、マネジャーの仕事です。

たとえばある会社の営業部において、優秀な成績を収める営業パーソンの行動を観察してみました。

その結果、優秀な営業パーソンは他の営業パーソンと違い、「顧客訪問の際には、必ず去り際に、２週間以内の次回のアポイントを取り付けている」という行動が見つかるとします。そして他の営業パーソンもこの行動を取ることで業績がアップされれば……これが〝できる人〟が〝できる〟ゆえん、ピンポイント行動です。

（「ピンポイント行動」の観察については、拙著『短期間で社員が育つ「行動の教科書」』ダイヤモンド社、等を参照していただければ幸いです）

リーダー、マネジャーの役割とは、あくまでも部下に成果を挙げさせることに尽きます。それには、できる人のピンポイント行動を見つけ出し、それを他の部下にも同じようにさせることが大事なのです。

# 008

# 1分ミーティングは単なる「時間短縮」の施策ではない

「2・8の法則」あるいは「2・6・2の法則」というものを聞いたことがあるかと思います。

組織は、できる人（ハイパフォーマー）が2割、フツーの人（ミドルパフォーマー）が6割、できない人（ローパフォーマー）が2割という構成になっている、というものです。

行動科学マネジメントが目指すビジネスマネジメントは、下の8割の人々に安定した成果を挙げさせ、底上げすることです。

人材が少ない今の時代、「フツーの人、できない人の代わりに、新たにできる人を探してくる」ことは難しいでしょう。

また、「できないなら、仕事をしたくないなら、辞めてもらっても結構」などということもできません。

なんといっても、日本の〝人材〟の絶対数が少ないのです。「今いる社員を成果の出せる人材にする」ことが、企業生き残りの要です。

本書の「1分ミーティング」を行うべき理由も、突き詰めればそこにあります。単に「時間を効率的に使う」「生産性を高める」ということが最終ゴールではないのです（後で詳しくお話しします）。

極端にいえば、トップ2割のハイパフォーマーは、あまりマネジメントにあれこれ工夫をしなくても大丈夫。放っておいても成果を挙げるものです。

逆にリーダー、マネジャーがあれこれと干渉すれば、嫌気がさすタイプが多いでしょう。

プレイヤーとして優秀なプレイングマネジャーもこの例に漏れず、であるからこそ、部下マネジメントが「苦手」であり、「苦痛」に感じる人が多いのです。

また、ハイパフォーマーには、「言語化」が苦手な人も多く見受けられます。

「あなたがお客様から信頼を集めている理由は、どこにあると思いますか?」

**「いやあ、フツーに接してるだけですけどね〜」**

と、「暗黙知」のうちに行動をしていて、自分の行動を言葉にすることに関しては頭が回らない(?)のです。

良くいえば「天才型」ということ。

だから、部下をどう指導すればいいか、どんな言葉で指示を出せばいいかがわからないのですね。

本来、このような人に対しては、マネジメントで心配することはありません。その人の行動を観察して、「ピンポイント行動」を抽出することに専念したほうがいいでしょう。

しかし、前述のように、彼ら彼女らは「干渉」を嫌う傾向にあります。「そんな時間があったら、現場に行かせてくれよ、成果出してくるからさ」というのが本音でしょう。ましてや、無駄な会議やミーティングに長々と参加させていたら……それこそ会社を辞めてしまうかもしれません。

そうならないためにも、組織の「悪しき慣習」の見直しは必要なのです。

# 009

# 「突然辞める」に要注意

人間の行動原理、ということではないのですが、ここでリーダー、マネジャーに知っておいていただきたい最近の傾向をお伝えしておきましょう。

それは、若手社員が〝すぐに〟辞めてしまう、というものです。

厚生労働省の2018年の調査では、2015年の新規大卒就職者（新卒）のうち、およそ32％もの人がすでにこれまでの3年間で会社を辞めている、ということです。

若者（20〜30代前半）の社員の退職、企業への「定着」率の低さについては、私たちにも多くの相談が寄せられています。

しかも、辞めていく彼ら彼女らの多くが、「突然」辞めてしまう、というのです。

たとえばある企業のチームリーダー（経理課長）の部下（25歳男性）は、勤務態度も良く、いつも人なつっこい笑顔で社内の経理業務をこなし、先輩たちからも人気の若者でした。チームリーダーも彼と月に一度ほどはお酒を飲みに行く機会がありました。

ある日の終業後、チームリーダーは他の部下とともに彼を連れて飲みに行き、いつものように楽しく仕事の話をし、別れました。

その翌朝……部下は**辞表を提出しました。**

チームリーダーはもう、呆気にとられてしまったといいます。

いつも笑顔で社内でも人気があり、仕事にも意欲的（チームリーダーにはそう見えた）。しかも前夜にも楽しく話し、そんなそぶりは一切見せなかったのに、です。

よくよく事情を聞いてみると、実は彼は、経理の仕事ではなく、営業として社外を飛び回りたかったというのです。社内に居て数字を扱うだけ、というのは嫌だ、と。そしてこの先も自分が「外に出る」見込みはなさそうだと判断し、辞表提出に至ったということです。

こうした「若者の突然の辞職」が、企業にとって極めて大きな痛手となることは、いうまでもありません。

今は「探せばすぐに代わりがいる」時代ではないのですから。

実は、この本でいう「1分ミーティング」は、こうした問題にも対応するものです。詳しくは第3章でお話ししますが、ここでは「今の若者は突然辞めてしまう」という事実を覚えておいてください。

# 010

# 「具体的なこと」を伝えなければ、何をしていいかわからない

第1章でも少し触れましたが、教えてもらうべきことを教えてもらえなければ、新しい人材は離れていってしまいます。

「背中を見て覚えろ」「仕事のやり方は盗め」はもはや通用せず、また「会議・ミーティングをしているんだから、それで十分」なんてことは当然言えません。

「この会社は仕事のやり方を何も教えてくれない」

そんな理由で、社員は離れていってしまいます。

希望事項を入力してボタンを押せば、それで自分に合った職場が見つかる……そんな転職サイト全盛の時代、「今いる会社を辞める」ことは決して人生の重大事ではないのです。

「仕事のやり方を教える」とはどういうことかといえば、それは**「行動」を教えること**に他なりません。

どんな行動が成果に結びつくのか？　その行動を取るにはどうすればいいか？　を教えるのが、「仕事のやり方を教える」ということです。

では、「行動」とはどんなものでしょうか？

私はこれまでの著書のなかで何度も繰り返しお伝えしていますが、これは行動科学マネジメントの、そして1分ミーティングの基本概念ですので、繰り返しご紹介させていただきます。

## 「行動」に必要な4つの要素

「お客様には気持ちを込めて挨拶する」

「スケジュールは厳守すること」

「アポイント取りの電話は重要。毎日やること」

「部下はほめて伸ばす」

「机の上はきちんと整理整頓する」


これらの言葉は、上司から部下への指導としてよくあるものかもしれません。

でも、これらは**すべて「行動」とは呼べないもの**です。

行動科学マネジメントには「MORSの法則」＝具体性の法則という、次の4つの要素から成り立つ「行動と呼べるものの定義」があります。

――**Measured**（計測できる）＝どのくらいやっているかを数えられる（数値化できる）

――**Observable**（観察できる）＝誰が見ても、どんな行動かがわかる

――**Reliable**（信頼できる）＝誰が見ても、同じ行動だとわかる

――**Specific**（明確化されている）＝誰が見ても、何を、どうしているかが明確である

これら4つの要素がそろってはじめて、厳密にいうところの「行動」となります。

したがって「お客様には気持ちを込めて挨拶する」などの指導は、NGです。「気持ちを込めているか否か」は、挨拶をする人、それを観察する人にとって主観的なものであり、明確な判断基準がありません。

**「もっと机の上を整理整頓しろよ！」**

**「いや、十分やっているつもりですけど！」**

こんな齟齬が生まれるのも、「整理整頓」が行動に落とし込まれて指示されていないからです。

「気持ちを込めた挨拶」を実践させたいのならば……。

――「正面からお客様の顔を見て」

――「笑顔で」

――「5メートル先まで届く声で」

――「〝ありがとうございました〟と」

――「頭を軽く下げながら言い」

――「またお客様の顔を見る」

ここまで具体化した指示でなければ、挨拶のやり方を教える＝行動を指示することにはならないのです。

# 011

# 「人が行動するしくみ」とは？

これも行動科学マネジメントの基本概念ですが、ぜひ押さえておいていただきたいことがあります。

それは「なぜ人は行動を繰り返すのか?」ということです。

つまり、「人が行動を繰り返すしくみ」です。

成果に結びつく望ましい行動も、自らが繰り返して行うことがなければ、意味がありません。

行動科学マネジメントの大きな特徴は、しくみや環境づくりによって、行動をコントロールし、望ましい行動を繰り返させる(セルフマネジメントでは自らが繰り返すようにする)ということなのです。

人が行動を起こすには、行動のための「条件」があります。

この「条件」の存在ゆえに人は「行動」し、「結果」が生まれます。

その結果が、また次の行動を促す(あるいは促さない)。

……これが行動科学マネジメントでの「人が行動するしくみ」であり、次のような「ABCモデル」と呼ばれる概念でまとめられています。

**A（Antecedent）先行条件**……行動を起こすきっかけ。行動する直前の環境

**B（Behavior）行動**……行為、発言、ふるまい

**C（Consequence）結果**……行動によってもたらされるもの。行動した直後の環境の変化

たとえば、「窓を閉め切って暑い部屋」にいるときのことを想像してみてください。

「部屋が暑い」（A＝先行条件）
「窓を開ける」（B＝行動）
「涼しくなった」（C＝結果）

このとき、次の行動＝「（また）窓を開ける」に影響を与えるのは何でしょう？

そう、Cの「結果」です。

窓を開けて「涼しくなった」という結果が出れば、あなたはそれからも、部屋が暑

いとき(A)には、また窓を開けること(B)を習慣とするでしょう。

もし、窓を開けても別に涼しくならなかったとしたら……あなたはもう、窓を開けるという行動は起こさないはずです。エアコンをつけるなど、別の行動を選択するでしょう。

これが、人が行動を起こす(あるいは起こさない)しくみです。

## だから、行動は繰り返されない……

望む結果を得ようとして行動し、その結果がメリットとなれば、人はまた行動を発生させ、逆に行動の結果がデメリットならば、行動を発生させることをやめてしまうわけです。

たとえばビジネスの現場でいえば……。

「仕事のやり方でわからないことがあれば、どんどん先輩社員に質問するように」

と、上司からの発案があったとします。

これだけでは具体性に乏しく、「行動の指示」といえるものではありませんが、それでも「(わからないことは)先輩に質問する」という行動くらいは取れるはずだと思うでしょう。

しかし、ここで行動の「結果」がデメリットであれば、人はその行動を取らなくなります。

「仕事でわからないことが出た」という条件のもとに、「先輩に質問する」という行動を取った際に……。

――結果A　「おお！　質問だね？　それはだね……」と先輩が喜んで質問に答えてくれた

――結果B　「え、今忙しいから、そのくらい自分で考えてやってくれる？」と先輩から迷惑がられた

どちらの「結果」が行動の繰り返し、定着＝「仕事でわからないことがあったとき

には先輩に質問する」という習慣につながるかといえば……これはAのパターンに決まっていますよね。

一方は「喜んでもらえた」、そしてもう一方は「迷惑がられた」。メリットとデメリットの違いです。

行動科学マネジメントの行動コントロールとは、行動の「結果」をコントロールすることで、行動を発生させる、あるいはやめさせる、というものです。

行動を習慣化させたいのなら、「良い結果」を与える。リーダー、マネジャーはこの考え方をぜひ覚えておいてください。

# 012

# 「自ら動く社員」をつくる方法

実はこのことは「できない（8割の）社員の底上げ」に大いにつながることです。

まず、ハイパフォーマーであるトップ2割の人が、どういう人か？　なぜ彼ら彼女らが「高いパフォーマンスを持続できるのか」を考えてみましょう。

ハイパフォーマーがハイパフォーマーである理由……それは行動科学的にいえば、彼ら彼女らの「行動自発率」が高いからです。

簡単にいってしまえば、ハイパフォーマーは「喜びを感じて仕事をしている」「自らやりたくて、自発的に仕事をしている」という人たちで、そのことが仕事のパフォーマンスに極めて大きな影響を与えているのです。

今から約15年前に、アメリカのコンサルティング会社ADIが行った実験によると、「（仕事を）仕方がなくやる」「やらなければならないからやる」（Have to）という〝やらされ感〟を持ったビジネスパーソンは、仕事において行動の立ち上がりが遅く、最低限の要求をなんとかクリアする程度。

それに対して「～したい」「やりたくてやる」（Want to）型のビジネスパーソンは、行動の立ち上がりも早く、Have to の人と比べて約3倍の行動を取ります。違う言い方をすれば「生産性の高い」社員、ということになりますね。

「できる人」「できない人」の違いは、能力以前に、この「行動自発率」の違いなのです。

「自ら動く社員をつくろう」

「社員がみな仕事のモチベーションを高く持つようにしよう」

……ビジネス書でさんざん言われていることですが、その目的は「社員が成果を出すために」ということ。

「仕事は楽しんでやろう」

「好きなことをやろう」

……自己啓発書でよく言われることですが、これもまた「そうしなければ結果が出ない＝稼げない」から、という単純な図式なのです。

では、ハイパフォーマーではないその他8割の人々を、どのようにして底上げするかといえば、それは当然「自ら（仕事を）やりたくてやる」Want to 型の人材にすればいいわけです。

このときの方法が、**「結果」をコントロールする**、というやり方です。

## 「結果」をごほうびと捉える

「『結果』のコントロール」をもっと簡単な言い方にすれば、それは「（行動に）報酬＝ごほうびを与える」ということになります。

次章で詳しくお話ししますが、部下各人に見合った「ごほうび」を考え、適切な与え方ができる人が、優れたリーダー、マネジャーということになります（1分ミーティングはそのための最適な施策なのです）。

「ごほうび」と言ってしまえば少し稚拙に聞こえるかもしれませんが、その効果のほどは、あなたも日常において実感できるはずです。

たとえば飲酒の習慣がある、お酒を飲むのが大好きという人は、なぜ日々、お酒を飲み続けるのでしょうか？

それは「（お酒を飲むと）気持ち良くなる」「おいしいと感じる」「お酒の席が楽しい」という「結果」があるからですね。

この結果は、「快楽」という「ごほうび」です。お酒を飲んでも体調が悪くなるだけ、おいしくもない、嫌な思いをするだけ……という、何の「ごほうび」もない人は、飲酒の習慣はないでしょう。

最もわかりやすい「ごほうび」は、他者からの「称賛」です。

たとえばＳＮＳに投稿するたびにたくさんの「いいね！」をもらう人は、そのごほうびをまた享受したくて、工夫をこらし、多くの投稿を続けるでしょう。

ビジネスの現場でも、部下が自らの行いを上司からほめられれば、その行動を取り続けるでしょう。「ほめて伸ばす」タイプのマネジメントの根本は、すべてここにあるのです。

要するに「ほめる」ことは部下に「ごほうびを与える」こと。部下の内面にアプローチして性格を変えようだとかやる気を出させようなどと考える必要はなく、マネジメントスキルとして、もっとシステマチックに考えてもいいことでしょう。

# 013

# 「教える」とはどういうことか？

ハイパフォーマーではない8割の人々が「仕事ができない」のは、「やりたくて、やる」Want to型ではない、というのが大きな原因です。

ただし、特に下位2割のローパフォーマーには、それ以前に大きな問題を抱えている場合があります。

「仕事の『やり方』を知らない」

「継続できない」

この2つが「仕事ができない理由」になっているのですが、逆にいえば、この2つをクリアして、さらにWant to型になることができれば、彼ら彼女らは「できない人」から脱することができるわけです。

## 「知識」と「技術」は分ける

「やり方」とは、仕事に関する知識や理論、技術のことで、「スキル」と言い換えてもいいでしょう。何を、どんな手順で、どこをポイントとして、どう進行させるか……というものです。

かつての日本のビジネス界では、これらの指導を「背中を見て覚えろ」「盗め」といって済ませてきたわけです。

もちろんこのやり方は、今では極めて非効率なやり方。アルバイトやパート、あるいは外国人……さまざまな属性の人々を相手にやり方を教える際に「見て覚えろ」では、時間がかかりすぎます。

この本では細かく言及しませんが、マニュアル、チェックリストなどの「ツール」や「教育体系」（社員のスキルアップ度合いに合わせて、適切なタイミングで身につける知識やスキルを与えること）が必要になるのです。

部下に「やり方」を教える際の基本は、**「知識」と「技術」を分ける**ことです。

「知識」とは、聞かれたら「こういうこと」「これ」と答えられることです。スポーツでいえば、競技のルールや理論、使用する道具の種類、使用方法などですね。

これに対して「技術」とは、「やろうとすればできること」。スポーツでは実技そのもののことです。

あらかじめ知識と技術という2つの要素に分けることで、教える対象となる部下の「何が足りないのか」が明確になります。また、教える側にとっては、物事を順序立てて伝えることが容易になるのです。

そして「やり方」は、できるだけ細かい指示を出すことによって、相手の腹に落ちます。

当然のことと思われるかもしれませんが、実はこれができていないリーダー、マネジャーが非常に多く見受けられるのです。

「あいつは言われたこともできないのか……」

部下に対してそう嘆く前に、自分自身の出した指示が部下にとって腹に落ちるものであったかどうかを、今一度確認すべきです。

# 014

# 行動は「分解」して伝えろ

「技術を教える」とは、すなわち「どう行動すればいいのか?」を教えることですが、その際には、行動を細かく分解して伝えることがポイントです。

たとえばこんな失敗例があります。

あるホテルの宴会担当部署に入ってきた新人への指導の際……。

立食式の宴会場のセッティングをしていたスタッフたち。マネジャーは新人に「その机の上に並んでいる瓶ビールのうち、10本は先に栓抜きで栓を抜いておいて」と指示を出しました。

具体的な指示であり、特に問題はないと思っていたのですが、実は大問題が起こりました。

まだ20歳そこそこの若い新人は、**「栓抜き」の存在など、知らなかった**のです。

「栓抜きで瓶の栓を抜く」という初めての体験に挑んだ彼は、見事に失敗しました。10本すべての瓶の先を割ってしまい、おまけに自分の手を切ってケガをしてしまったのです。

もちろん教える相手にもよることですが、「10本の瓶ビールの栓をあらかじめ抜いておく」という指示は、このケースの場合、決して具体的なこととはいえません。

「まず栓抜きを利き手で持つ」

「もう一方の手で瓶の中央を持って支える」

「栓抜きの歯の部分を王冠の下に入れる」

「栓抜きを持った手の親指を王冠の上に添える」

「てこを使うように栓抜きを上へ持ち上げる」

……このように細かく行動を分解して伝えることで、はじめて「やり方」が伝わるのです。


パソコンを触ったこともない人に「この数字をエクセルに入力しておいて」と指示を出しても、できるはずがありません。「まずこのパソコンのスイッチを入れて、次にこのエクセルのソフトをクリックして立ち上げて……」と、細かく指導しなければならないはずです。

「常識で考えればわかるはず」

「社会人なら知っていて当然のこと」と思う人もいるでしょうが、先ほどの栓抜きの例のように、時代とともに「知っていて当然」のことは変わるものです。

「これをやってくれ」と指示を出した際にうまく伝わらないのは、「行動を分解」して伝えていない場合が、意外と多いものなのです。

ちなみに「行動の分解」を実感してもらうために行動科学マネジメントでよく使うワークに、「ペットボトルのワーク」というものがあります。

「ペットボトルからコップに水を入れる」

この行動を分解すると、「ペットボトルを見る」「ペットボトルに手を伸ばす」から始まり、実に27もの行動に分解できるのです。

あなたはどれだけ分解できるでしょうか？

# 015

# ハイパフォーマーの行動を分解する

もうおわかりかと思いますが、ハイパフォーマーではない8割の人材を底上げして「できる人」にするには、「ハイパフォーマーのピンポイント行動」を分解して、「やり方」として伝えればいいのです。

繰り返しになりますが、このピンポイント行動を見つけ出し、分解し、部下に伝えることが、リーダー、マネジャーの大きな役割です。

ただし、その際には重要なポイントがあります。

それは「ハイパフォーマーには『やり方』を聞かない」ということです。

「うまくいくコツ、成果に結びつく行動は、本人に直接聞いてしまったほうが早いのでは？」

と思う人もいるでしょうが、実は、それはかえって遠回りになるのです。

前述のように、ハイパフォーマーは自らの行動を暗黙知のうちにやっていることが多く、また、言語化も苦手という人も少なくありません。

さらにいえば、古い「職人意識」を持ったハイパフォーマーには、「自分の手の内を明かす」ことを嫌う人も多いのです。

**「お客さんから紹介をいただくコツ？　そんなもの教えるわけないだろ」**

**「なんでこんなにスピーディーに仕事ができるかって？　それを言ったら自分の存在意義がなくなるよ」**

そんな思いから、ピンポイント行動を〝秘密〟にしてしまうのです。

私が多くの企業を見てきた経験からすると、「この道ひとすじ」で同じ職種をやり続けている人や、ものづくり、クリエイティブの職種の人には、この傾向が特に強いようです。

ですから、「第三者」による観察が必要なのです。

そしてハイパフォーマーのピンポイント行動を見つけたら、今度はそれを他の人にもできるように、分解します。

このときに役に立つのが、「マニュアル」や「チェックリスト」です。具体的にどのような行動が必要なのかが記されたマニュアル、行動が取れたかを確認（後に計測）するためのチェックリストは、重要なマネジメントツールです。

本来マニュアル・チェックリストはこうした「ハイパフォーマーの行動分解」の末

に作成されるべきもの、「現場」から生まれるものです。よくある「マニュアル作成のプロが作成したマニュアル」が実際にはあまり役に立たなかったりするのも、行動の観察がなされていないからです。

私たちがコンサルティングのため企業と関わる際には、この「ハイパフォーマーの観察」は徹底的に行います。

社外であっても社内であっても、ハイパフォーマーの業務に1日中張り付き、観察し、ヒアリングも試み、さらに仮説を立てて検証して、ピンポイント行動を見つけ出し、そしてその行動を「誰が見てもわかるように」分解するのです。

こうしたことを「プレイングマネジャー」が自らの仕事をこなすとともに行うのは、極めて大変な作業でしょう。

だからこそ、本来であれば、部下マネジメントは現場のリーダー、マネジャーのみにまかせるのではなく、会社全体が「しくみづくり」に乗り出さなければならない案件なのです。

# 016

# リーダー、マネジャーの役割は部下に成果を出させること

これまでのお話でおわかりいただけたかと思いますが、リーダー、マネジャーの仕事は、決して「プレイヤーとして優れていた者しかできない」ということではありません。

ハイパフォーマーであったマネジャーは自らの成功を「暗黙知」のうちに成し遂げていたのだとしたら……。

その成功の秘訣＝ピンポイント行動を隠蔽していたとしたら……。

あるいは、行動の分解をせずに部下に指示を出していたら……。

そういう人は、自らが売上を上げることに徹していたほうが、会社の利益を考えればよほど建設的です。

とはいえ、そのようなことは現実的には難しいことです。

人材不足の今の時代、プレイングマネジャーであることは当たり前のように求められています。

「自分は売上を上げるから、マネジメントはご勘弁」

などとは言っていられないのです。

「プレイヤーとしてのスキルとマネジャーとしてのスキルは別もの」

「勤続年数とマネジャーとしてのスキルは無関係」

「ある程度の経験を積んだら次は人を育てる……というかたちは無意味」

多くの人がそう気づいていたとしても、**時代がそれを許しません。**

ただ、私は、次の3つの資質が少しでもあり、それを磨いていくことができれば、マネジャーとしての仕事を全うできると考えています。

——**観察力**
——**判断力**
——**言語化能力**

ちなみにこのうち最も大切なものは、言語化能力でしょう。

暗黙知に陥らず、物事を言語化して伝える力は、マネジャーに必須の能力です。

これらの能力があれば、あとは「時間」との関係の問題です。

自らも売上を上げるために動かなければならない。
残業や長時間労働は許されない。
部下を観察しなければならない。

そんな状況のなかで、**いかに無駄を排除したマネジメントをできるか**が、これからのリーダー、マネジャーの命題です。

しかし、忘れてほしくないのは、リーダー、マネジャーの最終的な役割は「部下に成果を出させること」だ、ということです。
単純に「時短」ができればそれでいいというわけではなく、限られた時間のなかでいかにして「部下に成果を出させるためのマネジメントができるか？」ということが、この本のテーマなのです。

# 1minute Action!

□ ハイパフォーマーを観察する

□ ハイパフォーマーの行動を細かく分解する

□ 成果に結びつく「ピンポイント行動」を抽出する

□ 紙に書き出す

□ 「ピンポイント行動」を、他の部下にも教える

# 第3章

# 「1分ミーティング」の目的

# 017

# 相手の「内面」を変えようとしてはいけない

前章では、行動科学マネジメントの基本知識として、人間の行動原理についてお話ししてきました。
この行動科学マネジメントの最大の特徴を簡単に言ってしまえば、それは「(マネジメント対象の)『行動』に着目し」「内面へのアプローチをしない」ということになります。

――部下が仕事で成果を出すのは、成果を出す『行動』を取るから

――部下を「できる人材」に変えるということは、部下に「できる人の行動を取らせる」ということ

――精神論や意志の力、気持ちの持ち方ではなく、『行動』を「しくみ」でコントロールする

――『属人的』な仕事のやり方を廃し、誰もが同じように行動できるようにする＝標準化、再現性を重視

――マニュアル、チェックリストを活用する

それが行動科学マネジメントの手法です。

こうしたことから、行動科学マネジメントは時としてネガティブな印象を持たれることがあります。


「行動科学マネジメントには、人間味がない」

「相手の気持ちを考えない」

「人をロボットのように動かすことを是としている」

「コミュニケーションの大切さというものをわかっていない」


そんなふうに思う人も、実際にいるのです。

しかし、これはまったくの誤解です。

行動科学マネジメントが着目するのは、当然のことながらあくまでも「人の行動」。

その行動を「成果に結びつく行動」にするためには、無駄な精神論や内面へのアプローチは必要がない、というだけです。

「人の気持ちを考えない」という見方は、まさにその逆だと言わざるを得ません。

たとえば人の行動ではなく、「内面」にアプローチするマネジメントがあります。

「仕事ができないのは、君の性格の問題だ」

「その飽きっぽい性格を直すべきだ」

「もっとやる気を出せ！」

と、相手の内面に踏み込んでいくことで、どれだけの効果＝相手が成果を出すことをサポートできるでしょうか？

相手の人間性までを取り上げ、パフォーマンスの低さと関連づけることが、どれだけ相手に対して失礼なことか？

「相手の内面にアプローチしない」ということは、すなわち「相手の内面はあくまでも相手のもの」と尊重している、ということです。

相手の性格や個性、人間性を変えるのは、無駄なことです。人の性格や個性は、そんなに簡単に変わるものではありません。

変える（アプローチする）のは、『行動』だけでいいのです。

# 018

# 最も大切なのは「コミュニケーション」である

「行動科学マネジメントは、コミュニケーションを重視しない」

……「〝しくみ〟で人を動かす」ということから、そう思う人もいるでしょうが、これもまさに誤解です。

行動科学マネジメントは「コミュニケーション」を非常に重視します。

「上司とのコミュニケーションの量が少ないほど離職率は高く、コミュニケーションの量が多いほど離職率は低い」

これは行動科学マネジメントの常識でもあります。

なぜ、コミュニケーションが必要か？

ここでも多くの人が誤解します。

**「部下と腹を割って話すことで、強い絆が生まれる」**

## 「仲良くなれば、そう簡単に会社を辞めることはできない」

## 「やはり、なんだかんだいっても、ビジネスは〝義理と人情〟の世界なんだよ」

そう考える人が大勢いるでしょう。

もちろん、職場における上司と部下の信頼関係はとても大切なことです。

信頼に値しないリーダー、マネジャーに従おうとする部下はいないでしょうし、コミュニケーションがなく「聞く耳を持たない」ような上司には、重要な相談もすることはありません。

それこそ部下は**「ある日突然」辞めてしまう**のです。

自分のことで精一杯のプレイングマネジャーは、ここに気をつけなければなりません。「自分ではコミュニケーションを取っていたつもり」でも、相手にとってもそうだとは限らないのです。

## 「腹を割って、じっくり話そう」はできない？

「部下とのコミュニケーションが大事」と聞いて、やみくもに部下と〝仲良く〟なろうと試みるリーダー、マネジャーもいます。

「腹を割ってじっくり話せば、お互いのことを理解できる」

「そうして仲良くなることが第一」

そんな人はよく、終業後に部下を「飲みの席」に誘うことが多いものです。

いわゆる「飲みニケーション」というやつですね。

ただ、「働き方改革」が推し進められている現在では、「終業後に部下を飲みに連れて行く」ことを禁止している企業も多くあります。

日常の飲みの席だけでなく、新入社員の歓迎会、送別会、休日のプライベートな集いなど、就業時間外での接触を禁止するというのは、もはや時代のスタンダードといっていいでしょう。

現在はそれだけ、企業は社員のプライベートを尊重せよ、ということです。

それでも私自身は、実は「飲みニケーション」を全面的に否定するつもりはありません（組織が禁止しているならそれは仕方がないことですが）。

もちろん、酒の席が最高のコミュニケーションの場だと考えているわけではありません。

また、「腹を割って話す」「部下と仲良くする」ことが重要だということでもありません。

飲みの席で、行動科学マネジメントにおける「コミュニケーションの目的」が果たせれば、それはそれで、意味のないことではない、というわけです。

## コミュニケーションの目的を考える

では、コミュニケーションの目的とは何か？

まず「信頼関係」の構築は必須です。

信頼関係の構築とは、部下と親密になることだとか、部下から好かれる、ということではありません。

いわば「土壌づくり」です。

どういう土壌かといえば、それは「何でも話せる」土壌です。

仕事において大切な相談や自分のミスの報告などを構えることなく話せるという職場が、信頼関係のある土壌といえるでしょう。

自分が信頼していない上司に、大切な相談をすることはありません。また、ミスを報告した際に何を言われるかわからない……という上司には、なるべくなら報告したくないと思ってしまうのは自然なことです。

そして、何よりも重視すべきなのが、「相手の動機付け条件を知る」ということです。

コミュニケーションの目的は、ここにこそあると言っていいでしょう。

「動機付け条件」……行動分析学の用語では「リインフォース」といわれるものです。

文字通り、人が行動することの動機付けとなるもののことで、つまりこれが前章でお話しした「ごほうび」です。

# 019

# 「動機付け条件」＝「ごほうび」は十人十色

「部下にとって、何が動機付け条件（ごほうび）になり得るのか？」

それは、部下の「価値観」を探る、ということです。

「ビジネスの目的は『お金』。仕事のごほうびは〝昇給〟に決まっているだろう」

などと短絡的に考えるのは、とても危険です。

最近、私の知る大手企業のマネジャーから「入社半年の20代の男性社員が急に辞めてしまった」と、報告がありました。

「別に高い給料が欲しくて仕事をしているわけじゃないんです」

彼は辞職の理由について、そう語ったといいます。

「自分は、もっとお客さんから〝ありがとう〟と感謝される仕事がしたかったんです」

「それなのに、会社側はいつも『売上が……』『経費が……』『費用対効果が……』と、お金の話ばかりする」

**「『もっと頑張って売上目標を達成しようぜ！』なんて言われても、ちっとも頑張る気にはならなかったんですよね。実は」**

というのが、彼の本音だったということです。

「〝普通〟はみんなお金のために働くでしょ」

「ビジネスでお金の話をするのは〝常識〟でしょ」

……そう思う人もいるでしょう。

しかし、この〝普通〟や〝常識〟が、部下すべてに通用するわけではありません。時代によって、人によって、価値観は違って当然です。

部下は、行動の結果として何を得られるのか？　何がメリット、ごほうびであれば行動を繰り返すのか？

リーダー、マネジャーは、それを把握しておかなければなりません。

酒の席は、その機会として活用すべきでしょう。

## 飲みの席はリーダー、マネジャーのものではない

私たち日本人は、酒の席を利用して連帯感を深めようとする傾向が強いものです。

そしてそれ自体は決して「悪いもの」ではありません。

ただ、マネジメントについて考えた場合、酒の席が有効であるか否かは別問題です。

非常に多く見受けられるのが、酒の席がある種の「上司による演説の場」「長時間説教の機会」になっている、というもの。

ここに「部下の動機付け条件を探る」という目論見はなく、ただ上司が「言いたいことを言う場」となっているのです。

「もっと頑張れよ！」

「やる気を出せばできるさ！」

「期待してるんだぞ！」

などと、具体性のない言葉を部下に投げかける、あるいは自分の仕事観を語る……。

これに何かを感じて、行動を変える部下がいたとしても、それは「たまたま」だとしかいえません。

「自分が言いたいことを言うだけの場」……それもアリかもしれませんが、少なくとも、そんな席は「部下に成果を出させる」こととは何の関係もない、ということは自覚しておくべきでしょう。

# 020

# 「お金」も「地位」も〝ごほうび〟にはならない？

「お客さんから〝ありがとう〟の言葉をもらうこと」

「社会に貢献できたと実感できること」

「給料がアップすること」

……人の動機付け条件は、それこそ十人十色です。

同じ会社だからとはいえ、同じ部署だからとはいえ、部下一人ひとりの価値観、動機付け条件は違っていて当たり前なのです。

前述のとおり、行動の結果がメリットのあるものだった場合に、人はその行動を繰り返します。つまり、何をメリットと感じるか？＝何が動機付け条件となるか？　ということです。

逆に、行動の結果が何の意味も持たない、デメリットしかないと捉えれば、その行動を続けようとは思いません。

部下それぞれの〝行動自発率〟を高め、成果に結びつく行動を繰り返させ、「できる人」にするには、動機付け条件を与えることが不可欠なのです。

これまで動機付け条件を「メリット」「ごほうび」「価値観」と、いくつかの言葉で言い表してきました。ここでは、ビジネス的にわかりやすく「報酬」という言葉に置き換えたいと思います。

ビジネスにおいての報酬といえば、それは「お金」。賃金や賞与などのことだというのが、普通の考え方でしょう。

もちろん、お金が報酬であることは間違いありません。しかし、個人の動機付け条件は十人十色です。

価値観が多様化している現代社会において、「高い賃金や賞与を動機付けとすれば、部下が〝行動自発率〟をアップさせてもっと仕事に精を出す」という単純な理屈は、時代遅れです。

「高い給料が欲しくて仕事をしているわけじゃないんですから」

……これは決して特殊な例ではないのです。

## 出世なんかしたくない？

また、組織内での「地位」も、仕事を頑張ることのメリットになるとは限りません。

「成果を出したら、いずれ課長に昇進できる」

なんてことは、動機付けになるわけではないのです。

この傾向は最近多くの企業で見受けられ、私も多くのリーダー、マネジャー層からの嘆きの声をよく聞きます。

**「今の若い社員は、出世とかに全然興味がないんです。欲がない、というんでしょうかね、『このままでいい』という者ばかりなんです」**

というのです。

つまり、出世あるいは昇給は、若い彼ら彼女らの動機付け条件、仕事の報酬とはなり得ない、ということです。

かつては、ビジネスパーソンはある意味「お金のため」「地位のため」に仕事をすることが当たり前でしたが、今はそうではない……。

では今の若年層が〝何を〟欲しがっているかといえば……

「もっと頑張れば、すぐに部長になれるぞ!」とメンバーを励ましたとしても……。

**「別に出世してもいいコトないでしょうし」**

**「仕事が忙しくなるだけでしょう?」**

**「部長みたいにはなりたくない」**

と思われてしまうだけかもしれません。

出世など考えず、マイペースで仕事を続けられたらいい……そう考える若者が増えています。

これは私がさまざまな企業で直接会話をしたり、リーダー、マネジャーへのヒアリングを通して感じたことでもありますが、彼ら彼女らには、「物欲」というものも希薄です。

「車なんてなくても生活には困らない。ましてや〝高級外車〟を買うということの意味がわからない」

「洋服は、ユニクロなどのファストファッションで十分」

「一戸建ての家を買うなんて、到底無理でしょう。だからそんなことは一切考えない」

……万事がこんな感じです。


もちろん、これは決して間違った考え方ではありませんし、今の若い世代すべてがそうだというわけでもありません。

しかし「今は『昇給』『地位』『モノ』が動機付けになる時代ではないのだ」ということは、リーダー、マネジャーたるもの、覚えておくべきでしょう。

「働けば働いただけ給料がアップし、昇進という人生の成功パターンが定められている」

……そんな時代は、とっくに終わっているのです。

# 021

# 部下を
# やる気にさせる
# 6つの
# 「ごほうび」

お金や地位以外の、スタッフに与えるべき「さまざまな報酬＝動機付け条件」の参考となるのが、アメリカの企業で近年重視されている「トータル・リワード（Total Reward）」という考え方です。

トータル・リワードとは、金銭や会社の福利厚生だけでは得ることのできない、さまざまなかたちの「報われ方」も報酬として考え、与えるというもので、〝行動自発率〟の高い人を育成し、組織行動を高め組織そのものを底上げする「しくみづくり」の材料として、ぴったりの考え方です。

私が日本の企業に合うように整理したトータル・リワードの「金銭面以外の報酬要素」はA～F（頭文字から）の6つがあります。

簡単にご紹介しましょう。

Aは**「Acknowledgement（感謝と認知）」**。

メンバーを「大切な仕事のパートナー」と認知し、感謝を示すことです。

たとえば仕事の成果が数字で表れない「間接部門」や事務職には、「あなたがいてくれるおかげで助かる」というように、相手の存在そのものを認知し、感謝の言葉を具体的に示すのが有効です。

Bは**「Balance〔of work and life〕（仕事と私生活の両立）」**。

「暮らしを充実させたい」と願うメンバーのため、たとえば勤務形態などにフレキシブルに対応し、私生活を大切に考えることです。

「お金なんかより、自分のプライベートの時間が大切」と願う最近の若い世代は、こうした報酬を求めています。

Cは**「Culture（企業文化・組織の体質）」**。

役職や年齢を超えて自由に意見やアイデアを述べ合える環境、メンバー同士が足を引っ張り合うようなことのない環境で働けるというのも、報われ方のひとつです。

あえて抽象的な言葉を遣えば、「風通しの良い職場」「自由闊達な組織」といったところでしょうか。

Dは**「Development［Career/Professional］（成長機会の提供）」**。

セミナーなどへの参加機会を与える、社内でキャリアアップの制度を設けるといったことが、具体的な報酬となります。

「この会社で、もっと成長したい」

「仕事を〝学びの機会〟としたい」

……そんな思いに応えるものですね。


Eは**「Environment［Work place］（労働環境の整備）」**。

オフィスの立地や居心地を考える、高性能な仕事道具を用意する、など、「働きやすい環境」を提供することも、報酬となり得るのです。

「フレックスタイムを導入しているから通勤がラク」

「デスクや椅子が快適」

「オフィスからの外の眺めが良くて気持ちがいい」

そうしたことが動機付けとなる人だっているのです。

以上が、アメリカの「報酬」に関する教育機関「ワールド・アット・ワーク」の提唱するトータル・リワードの大きく分けた5つの要素ですが、私はこれに行動科学マネジメントを的確に行うために重要な、もうひとつの要素を加えています。

それが、F**「Frame（具体的行動の明確な指示）」**です。

行動は具体化させることが重要であり、マネジャーの指示も、具体的な行動の指示でなければなりません。

たとえば「わかりやすいマニュアルやチェックシートのおかげで、仕事がやりやすい」といったことですね。

「正しい仕事の進め方を教えること」

「無駄な仕事をさせないこと」

それもマネジャーがメンバーに与えなければならない重要な報酬であることを覚えておいてください。

# 022

# お金以上に効果バツグン。メンバーが意欲的に働く「報酬」とは？

私はこの「トータル・リワード」という概念を、今から10年前に書籍で紹介しました（『組織が大きく変わる「最高の報酬」トータル・リワードを活用した行動科学マネジメント』2009年、日本能率協会マネジメントセンター）。

その当時、私が何人もの経営者に言われたことといえば……。

「石田先生、部下が〝何のために仕事をするか〟なんて、わざわざ検証する必要あるんですか？」

「会社からお金をもらっているんだから、与えられた仕事をするのは〝当たり前〟でしょ」

「なんで部下に〝感謝〟を表明するんですか？」

「仕事で〝お金より働く環境が大事〟なんて考えてるバカは、ウチの会社にはいませんよ（笑）」

などというもの。

要するに、「お金以外に仕事の報酬なんて考えられない」というわけです。

ところが、今はどうでしょう。

手当てを出すからといって、残業をさせることは、法律違反。

賃金を高くするからといって、休日まで働かせることは、法律違反。

そういう時代になったのです。

しかしたった10年前は……。

社員にコーチングを試みたり、メンタルの心配をすることさえ、「やりすぎ」だったのです。


時代とともに、人の価値観も、マネジメントの着眼点も変わっていきます。

「ブラック企業」という言葉はあったにせよ、国が「働き方改革」なるものを推進していき、法整備が成されるなどということは、10年前にはあまり想像できなかったはずです。

ただ、時代が変わっても「人間の行動原理」は変わるものではありません。

この真実もまた、忘れないでいただきたいことです。

## 報酬＝お金の時代は終わった

「感謝と認知」

「仕事と私生活の両立」

「企業文化・組織の体質」

「成長機会の提供」

「労働環境の整備」

「具体的行動の明確な指示」

……トータル・リワードのどれもが、これからの企業が「人材を確保・定着」する（させる）ために必要な要素です。


人から「ありがとう」のフィードバックを得て、認めてもらえることで、仕事の〝勢い〟も違ってくることは、あなたも経験上、おわかりではないでしょうか？

プライベート、家族との時間を大切にしたいという思いは、多くのビジネスパーソンの願いです。

スタッフが「この会社にいることで『成長』できている」と感じられる企業は、企業自体も成長を目指す、すなわち「将来性有望」ということでしょう。

どんな世代、属性、雇用形態にとっても「働きやすさ」が就職の際の大きなファクターとなるのは、当然のことです。

そして具体的な指示で「何をやればいいか?」が明確であり、経験、勘、度胸に頼らされず「仕事を教えてくれる」ことは、若い世代にとって大きな動機付け条件となります。

トータル・リワードはマネジメントする相手によって使い分けるというものですが、これからの企業にとっては、注力度合いの違いこそあれ(それが企業の個性、文化ともなります)、すべての要素を導入すべきでしょう。

**「報酬とはすなわち、金銭のこと」**
**「給料やボーナスにさえ注力していれば大丈夫」**

という時代ではないのです。

# 023

「ボーナス」以上に
万能な報酬。
それは、
「ほめる」こと

行動科学マネジメントには、行動の〝結果〟を、

**「タイプ**（ポジティブな結果か？／ネガティブな結果か？）」

**「タイミング**（すぐに生じる結果か？／後になって生じる結果か？）」

**「可能性**（確かなものか？／不確実か？）」

の3つの要素で分析する、という視点があります（専門的には「ＰＳＴ分析」と呼ばれるもの）。

この組み合わせが、結果が行動を継続させるもの……ごほうび、動機付け条件となり得るものかを検証するのです。

そして、3つの組み合わせのなかで最も行動が継続しやすい、つまり効果的であるのが、「『ポジティブ』で『すぐに』『確実に』出る結果」です。

この分析から見れば、たとえば「（年末の）ボーナス」という結果＝報酬が、そこまで行動の継続に関して効果的とはいえないことがわかります。

ボーナスは「ポジティブ」な結果であることは間違いありませんが、「すぐに」生じる結果ではなく、またもらえる金額が会社の業績、自身の成績に左右されることから

「不確実」なものでもあります。

「ボーナスをもらったから、来年も一生懸命仕事するぞ！」と、単純にはいかないのが現実なのです。

では、「ポジティブ」であり、「すぐに」「確実に」得られる報酬の代表は何かといえば……それは「ほめられる」ことです。

## 「ほめる」は、「ポジティブで」「すぐに」「確実に」できる

第三者から与えられる「称賛」、つまり「人にほめられる」ことは、人間にとって非常に大きな動機付け条件となります。

しかも、ほめることは誰でも「すぐに」「確実に」できること。マネジメントする側にとっても、最も相手に贈りやすい「ごほうび」となるわけです。

「行動した」
↓
「その結果、ほめられた」

……だから行動を繰り返す……。単純な構図ですが、これが人間の行動原理です。

また、ほめることは、相手の「達成感」「自己効力感」を引き出す作用もあります。

「自己効力感」とは、「自分にはできるんだ」という実感のことで、専門的には「セルフ・エフィカシー」と呼びます。

目標を達成することで得られる「できた」という喜び（達成感）が、さらに「自分にはできるんだ」という自信（自己効力感）につながり、「できるということを知った」ことで、行動を継続するようになるのです。

わかりやすい例でいえば、「優秀な成績を挙げる営業パーソン」の行動パターンがこれに当たります。

仕事のキャリアの、わりと早いうちに……。

「お客さんに（商品を）買ってもらえた」

「目標数字を達成することができた」

という成功体験をした営業パーソンは、この体験を再び味わうべく、さらに行動を繰り返します。

言ってみれば「成功のスパイラル」に入っているわけです。

一方、ローパフォーマーの人は、その逆のスパイラルです。

仕事のキャリアの早い段階で「買ってもらえなかった」「大きなミスをおかした」「上司に怒られた」という結果を得てしまったがために……仕事をしたくなくなる。「失敗のスパイラル」から抜け出せないのです。

ですから、ローパフォーマーを底上げして望ましい結果を出してもらうためには、成功体験を与えて「失敗のスパイラル」から抜け出させればいいのです。

しかし、仕事において、そう簡単に成功を得ることはできません。

そこで、「ほめる」のです。

# 024

# ほめるのは、成果でも人間性でもなく、「行動」

「(自分の行動が)ほめられる」ということは、ひとつの成功体験となるのです。「ほめられる」という成功があり、達成感、自己効力感を得て、さらにまたほめられるために行動を繰り返す……「成功のスパイラル」に入る、という図式です。

もちろん、やみくもに相手をほめても意味がありません。「ほめるマネジメント」「相手を認めるマネジメント」は、今ではすっかりビジネス界に定着しているように見えます。しかし、行動科学的な視点からは、間違ったやり方をしている人も多く見受けられます。

間違った「ほめ方」とは、大きく分けて次の2つです。

## ――相手の「成果」のみをほめる
## ――相手の「人間性」に言及する

相手の「成果」をほめること自体は間違いではありません。問題は成果のみをほめて、プロセスである「行動」を無視することです。

何度も繰り返すように、「成果を出す」こととは、望ましい行動の果てにあることです。「ボーナス」の例で示したように、年度末の成果だけを見て、それに対して称賛を与えることは、効果的とはいえません。

たとえば営業パーソンである部下の「成果に結びつく行動」を「確実に週2回、お得意先への訪問」と設定したならば、お得意先を訪問するたびに「今日も訪問できたね」と、行動を認めるのです。

この「行動を認める」ことが、相手にとって十分な「行動への称賛」となります。

「プロセスはどうでもいい。問題は結果だ」

「結果が出ないのなら、プロセスに着目しても仕方がない」

……これが間違いなのです。

プロセスが認められることで、結果が出る……という順番を忘れないようにしなければなりません。

相手の「人間性」に言及することもまた、結局は行動・プロセスに着目していない、ということです。

「やる気いっぱいじゃないか」
「○○君は性格が良いよなあ」
「今日も元気だねえ」
……こうした言葉は、日常のコミュニケーションで遣う分には何ら問題はありません。

しかし、このような言葉をかけているからといって、相手が結果を出すかといえば、それは違います。

いってみれば、「行動を評価＝ほめる」という目的からすれば、的外れだということ。もっと厳しい言い方をすれば、「無駄な気遣い」ということになります。

ほめる対象は、成果でもなく、相手の態度でもありません。

あくまでも「行動」なのです。

025

# 「人格者」「好かれる上司」はムリに目指さない。「信頼される上司」を目指す

「信頼に値しないリーダー、マネジャーに従おうとする部下はいない」

「部下の動機付け条件を知ることが必要」

「相手をほめる」


こうしたお話から、「リーダー、マネジャーたるもの、立派な人格者でなければならない」と思う人もいます。

あるいは「部下から慕われる人が最高のリーダー、マネジャー」だと思う人もいるでしょう。

そして、このことが、リーダー、マネジャーの立場に置かれた人にとって、ある種の「プレッシャー」になっている場合もあるものです。


「部下に好かれよう」と思うばかりに、必要以上に部下との会話を持とうとする。

しかし自分だって忙しいのに……。

あるいは「自分は部下に嫌われているんじゃないか?」と、終始部下のことが気になる……。

部下と「仲良くなろう」とあれこれ部下と話す機会を設けたり（「〇〇ミーティング」等と称した無駄なミーティングなど）、飲みの席を設けるなどするけれど、相手にとっては「貴重な時間を上司（会社）のために使いたくない」と煙たがられる……。

「時間も遅いし、適当にやっておけばいいからね」

「あとは自分がやっておくから大丈夫」

……そんな言葉をかけて〝優しさ〟を示したつもりでも、それが部下の反発を招く場合もあります。

クオリティの高い仕事を目指している部下に対して「適当にやっておけばいい」。ゴールにたどり着き、達成感と自己効力感を手にしようとしている部下に、「あとは自分がやっておく」。

行動を否定することで、大きな齟齬が生まれてしまうのです。

こうした悲しい現実を、多くのリーダー、マネジャーが抱えています。

「自分が結果を出すことでも精一杯なのに、部下にこれほど気を遣わなければならないなんて……」

冗談ではなく、精神を病んでしまうプレイングマネジャーは本当に頻発しているのです。

しかし、行動科学マネジメントの考え方では、リーダー、マネジャーがマネジメントのために**「人格者」になる必要はありません。**

部下を「甘やかす」必要もありませんし、「優しさ」を示すこともありません。

もちろん、人格者であったり、部下に優しいリーダー、マネジャーであるのが悪いというわけではなく、あえて〝そこ〟を目指す必要はない、ということです。

## 「叱れないリーダー」が激増中？

「部下と仲良くして、いい関係をつくる」

「部下に好かれるリーダーになる」

それが目標となってしまっているリーダー、マネジャーには、共通の悩みがあります。

それは「(部下を) 叱ることができない」というもの。

コミュニケーションや社員の定着（辞めさせないこと）を考えすぎ、「部下を叱ったらだめなんじゃないか」と、変な勘違いをしているのです。

実際に私たちのところにも、特に40代前半より下のリーダー、マネジャークラスから「どうやったら部下に注意すること、叱ることができますかね？」という相談が多数寄せられています。

「仲良くしたい」「好かれたい」だけが理由ではありません。

**「別にリーダーになりたくてなったわけじゃないですから」**
**「部下に注意したり叱ったりする資格なんてありませんよ。自分のことだって精一杯なのに」**

彼ら彼女らは、ときにそのように主張します。

つまり40代前半より下のリーダー、マネジャーには、従来のように「プレイヤーとして優秀だったからリーダーになった」という層ではなく、単純に「人材不足なのでもうそろそろ（管理職を）やってもらうか」という意図で上からリーダーを命じられた人が意外と多いのです。

「自分でもまだそんなに結果を出していないのに、偉そうにできない」

「自分の注意が正しいかどうかはわからない」

……そんな自信のなさ、あるいは「そもそもどんな行動が成果に結びつくのか」がわからない、というのが、部下を叱れない原因にもなっています。

026

# 「1分ミーティング」で、部下との信頼関係を築ける

人格者でなくても、部下に好かれようという努力をしなくても、部下からの「信頼」は得ることができます。

お酒を飲んで〝腹を割って〟話をしなくても、部下の動機付け条件は見つけることができ、何を「ほめる」かもわかるのです。

また、自分がプレイヤーとして結果を出してこなかったとしても、そのことと自身のマネジャーとしての資質は、関係ありません。

プレイヤーに求められるスキルと、マネジャーに求められるスキルは、まったくの別物だと割り切ったほうがいいでしょう（これは特にリーダー、マネジャーを任命する、人事権のあるトップにわかっていただきたいことです）。

行動科学マネジメントの基本である「人間の行動原理」を押さえたうえで、いよいよ行うこと……それが「1分ミーティング」です。

1分ミーティングとは、新しいミーティングのかたちであると同時に、新しい部下とのコミュニケーションのかたちといえるでしょう。

信頼関係を築くうえで必須なのは、コミュニケーション。これは間違いありません。しかし、そこに長い時間を割く必要はないのです。

報告、連絡、相談……ビジネスに必要なこれらの要素に、わざわざそのための会議、ミーティングの機会を設ける必要もありません。

リーダー、マネジャーが最短最速で部下の信頼を得て、必要なことを把握し、そして「部下に成果を出させる」という目的に直結する作業は、実は1分あればいい、ということです。

次章で詳しくお話ししましょう。

## 1minute Action!

□ お金や地位以外の、6つの報酬「動機付け条件」を知る

□ 部下の「動機付け条件」を探る

□ 同時に、部下の「成果に結びつく行動」をほめる

□ そのために、「1分ミーティング」をして、部下とコミュニケーションする

□ 部下との信頼関係を築くために、毎日続ける

# 第4章

# なぜ、ミーティングはうまくいかないのか？

# 027

# 「結果を出す」「辞めさせない」……。頭の痛い2つの課題

「上司（リーダー、マネジャー）は、部下とのコミュニケーションが必要」

このことには、実は多くのリーダー、マネジャーがすでに気づいています。

①「たくさん働いて、稼いで、出世して」……という、経済成長下にあったような画一的な価値観の時代ではない、ということ。

②「働き方改革」が推進されるなか、部下の「プライベートな時間」を確保しなければならない、ということ。

③そして、人口減少時代の今、部下に「辞められること」は、企業にとって大きな痛手になる、ということ。

これらの課題を解決するためには、メンバー（部下）一人ひとりに対する細やかな施策が必要である……。

それは、頭ではわかっているのです。

特にリーダー、マネジャーが気を遣うのは、③の「部下が辞めてしまう問題」ではないでしょうか？

どんなに成果を出すための良い施策があったとしても、肝心の「人材」がそこにいなければ、元も子もありません。

そして、辞めた人材の穴を埋める「補充」も、簡単なことではありません。何といっても人の「絶対数」自体が減っているのですから。

また、「突然辞められる」ことでの業務の混乱は、会社の業績にブレーキをかけてしまいます。

これを防ぐためにも、リーダー、マネジャーは常に部下の動向を探っていなければならないのです。

「つまり社員の〝囲い込み〟に注力して、なるべく社員を〝大切に〟扱えばいいのだろう？」

そう考える人もいるでしょう。

しかし、それはあまりにも短絡的な考え方です。

社員を大切に扱い、会社に定着してもらった……としても、そんな社員が「仕事をしない社員」だったというなら、意味がありません。

何度も繰り返しますが、リーダー、マネジャーの仕事は「部下に成果を出させること」が第一義です。

ただし今は「(成果を出させる対象となる)部下がいない」という大きな危機も予測される厳しい時代。

「結果を出させる」

「辞めさせない」

という、2つの観点からマネジメントを行わなければならないのですから、リーダー、マネジャーの役割は極めて大きなものなのです。

# 028

# 「とにかくミーティングを」という無茶振り

「メンバー（部下）一人ひとり細やかな施策が必要」ということで、多くの企業がリーダー、マネジャーに対して「部下との対話」を命じています。

「リーダーたるもの、チームメンバーが何を考えているかを、ちゃんと把握していなければならない」

「しっかりコミュニケーションを取っていれば、わかるはずだ」

というのが、企業側の言い分です。

そこで企業トップは、リーダー、マネジャー層に「とにかくミーティングをしろ」という指令を下します。

……この企業側の言い分をそのままに、「とにかくミーティングをする」という施策を実行するのは避けたほうがいいでしょう。

「〜ちゃんと把握していなければならない」

「しっかりコミュニケーションを〜」

揚げ足を取るわけではありませんが、これらの言葉自体が、行動に落とし込まれていないのです。

「〝ちゃんと把握〟とは、部下の何を、どの程度、把握することなのか？」

「〝しっかり〟コミュニケーションを取るとは、どのくらいの時間、どの程度の頻度を指すのか？」

を明確にしなければ、結局は具体性のない、目的がはっきりしないミーティングに終始してしまうのです。

## 「やみくもなミーティング」に効果はない

多くの企業のトップは、「部下の面倒を見ることはリーダー、マネジャーの仕事」と割り切っていて、逆にそこに口を出すのは越権行為と思う人もいるでしょう。

ですから、ミーティングで何をするか？　を考え実行するのも、当然リーダー、マネジャーの課題です。

前章の終わりで、「40代前半より下の層のマネジャーには、プレイヤーとしての自信がない人も多い」というお話をしました。

それでも、企業が人材不足であるから、どうしても繰り上げでリーダー、マネジャーをやらなければならない……。

このような状況について、次のように考えているトップ層もいます。

「大丈夫。責任のある役職に就けば、役職が人をつくるものだ」

……要するに、「上司として人の上に立つ」ことになれば、それなりに責任感や自覚が芽生えて、うまくやるだろう、と期待するのです。

「もう彼もそろそろマネジャー職にして部下をつけたほうがいいと思うんですよ。そのほうが彼のやる気にも〝火がつく〟でしょう?」

私もクライアント企業の部長クラスの人から、そんな相談を受けることがよくあります。

しかし、私の答えはひとつ。

「いや、立場が変わって、意識が変わって、それでうまくいくということはまずありえません」

いくら意識が変わったところで、持っている知識やスキルが使い物にならないようなら、結果を出すことはできません。

そもそも、何をもってして「意識が変わった」といえるか？　という判断基準もないのです。

「何をするか？」を決めずに、「コミュニケーションが必要」ということだけでやみくもにミーティングをするのも同様。具体策がないのに「やってみれば何とかなる」は、とても危険な発想です。

029

# 長時間、面談形式の「ミーティング」がうまくいかない4つの理由

生産性の向上が求められ、同時に「部下とのコミュニケーションは重要である」ということが周知されてきた今、多くの企業が実践を試みているのが、定期的に、30分や1時間と、長い時間をとって行う、面談形式のミーティングです。

こうした面談形式のミーティングは、面談スキルに成熟した上司や、コミュニケーションスキルが高い上司であれば、一定の効果を発揮しますが、そうではない上司が行うのは、少々ハードルが高いようです。

なぜでしょうか?

その理由について、ひとつずつ見ていきましょう。

## 理由①「話しやすい部下とは話すけれど、話しづらい部下とはあまり話さない」

部下と、面談形式のミーティングを設定する……。

それは、すべての部下と接触し、コミュニケーションを持つ機会をつくる、ということです。

それなのに、こうした機会においても、部下各人への接触にはばらつきが生じるものです。

つまり、普段からコミュニケーションの頻度が高い親しい部下、自分と相性が合う部下、パフォーマンスが高く仕事においてあまり問題が見受けられない部下に対しては、1対1になっても積極的に話すのです。

話が乗って、ついついいろいろなことを話題にしてしまい……「気がついたら2時間くらい話してましたよ」なんて例も聞きました。

リーダー、マネジャーにとっては「部下とじっくり話せた」と満足かもしれませんが、部下にとっては〝いい迷惑〟でしょう。

当日分の仕事がまだ終わっていないのに「上司に捕まった」という感じですね。法規上残業もできないので、「仕方がないから明日の朝早く来て仕事しなきゃ……」。

これでは、生産性が向上しないのは当然のことです。

一方、リーダー、マネジャーは普段からあまり接触しない人とは、ミーティングの場でもあまり話をしません。

「何か問題はあるかな」

「特にないです」

「そうか、引き続き頑張って……」

極端にいえば、そんな会話でミーティングが終わってしまうのです。

お互いが話したくもないのに、わざわざミーティングが設定されている……というのも、おかしな話です。


「部下とは均等に接している」と認識しているリーダー、マネジャーも、実際にはそんなことはない。それが面談形式のミーティングの場でも同様なら、何も変わるわけはありません。

## 理由②「部下のモチベーションを高めようとするけど、うまくいかない」

面談形式のミーティングを、ここぞとばかりの「説教」の場にしようとするリーダー、マネジャーもいます。

そんな人たちのいう「説教」とは、要するに相手の「内面」にアプローチしようとするもの。

「引っ込み思案の彼女には、もっと積極的になってもらわねば」

「あいつは仕事に対する真剣さが足りないから、そこを指摘しなければ」

「もっとみんなにモチベーションを高めてもらいたい」

といったことを、ミーティングの目的としてしまうのです。


内面についての話をするわけですから、遣う言葉も抽象的なものばかりとなります。

「もう少し積極性を出してください」

「仕事を真剣に捉えていたら、あんなミスはしないだろう」

「今月の目標を達成できなかったのは、モチベーションが低下しているんじゃないか?」

……このようなことを上司から言われても、部下としては「どんな行動をしていいか」わかりません。

「では何をすればいいんですか？」などと逆に質問したら、「それを自分で考えるのが君の仕事だ！」などと言われかねない……。

この本をお読みの方はもうおわかりでしょうが、「どんな行動をすればいいのか」を考え、部下に指示するのは、上司であるリーダー、マネジャーの仕事です。

ミーティングを無駄な「内面へのアプローチ」に使っているというのも、多くのリーダー、マネジャーがおかしている間違いです。

## 理由③「堂々めぐりで結論なし」

問題解決の答えを相手の「内面」に見いだそうとしてしまうと、結局は答えの出ない堂々めぐりが始まってしまいます。

たとえば、部下が今月の売上目標を達成できなかったとします。

「売上目標が達成できなかったのは、君に〝危機感〟が足りなかったんじゃないか？」

「いえ、そんなことは……」←

「いや、君は危機感が足りないよ」←

「どうしてですか?」←

「だって、売上目標が達成できないんだから」←

……勝手に「危機感が足りない」ことを問題の本質にしても、売上目標を達成するための解決策は見いだせません。

つまり、「売上目標を達成できない」を「危機感が足りない」と〝言い換え〟ているだけなのです。

物事をこのように同じ意味の言葉で言い換え表現することを、「トートロジー」(同義反復、同語反復)といいます。

ビジネスの現場ではしばしばこうした「トートロジー」が見受けられ、特にミーティングなどでそれが出てしまうと、まったく無駄な時間が過ぎていくだけです。

しかし、これもまたよくある話なのです。

## 理由④「何も変わらなかった。だから終わった」

第2章で、人が行動するしくみについてお話ししました。

人が行動を起こすには、行動のための「条件」があり、このために人は「行動」し、「結果」が生まれ、その結果が、また次の行動を促す（あるいは促さない）、という人間の行動原理のことです。

面談形式のミーティングでも、まさにこの行動原理が成り立ちます。

行動の結果が「メリット」にならなければ、人はその行動を繰り返さない……。

つまり、面談形式のミーティングの結果が「メリットのないもの」であれば、その行動はなくなってしまう（あるいは形骸化してしまう）のです。

リーダー、マネジャーにとっては「何を話していいかわからない」「自分の言葉が部下に響かない」「指摘したいことがあっても指摘する自信がない」「こんなことよりも他にやることがあるのに」という結果。

部下にとっては「何でこんなことするのか意味がわからない」「毎回説教を聞かされる」「具体的な指示がない」「こんなことよりも他にやることがあるのに」という結果。

そして企業にとっては「業績アップに何の変化もない」という結果。

やれと言われたからやってみた。

でも、何も得られるものがなければ、やっていても仕方がない。

まさに、そんなことよりも他にやることがあるのに、です。

「導入したけれど、結果が伴わないからもうやめた」

となるのは、自然な流れなのです。

# 030

# 「評価の基準」「成果の定義」がわからないと、ミーティングはできない

私の知る、ある大手企業(外資系)も、トップの号令によって面談形式のミーティング導入を全子会社で実行しました。

それも、面談形式のミーティングでは「コーチング」を行うように、との通達がありました。

コーチング……人によってその定義はさまざまなものになっているようですが、ここではわかりやすく、「相手に適切な問いかけを行うことで、相手からの自発的な問題解決を促す」手法、としておきたいと思います。

もっとわかりやすくいえば、コーチングの概念とは「答えは自分の中にある」というものです。

この企業のリーダー、マネジャーたちが面談形式のミーティングで部下にコーチングを試み続けたところ、何が起きたかというと……。

全子会社で、何人もの社員が辞めるという事態が起こったというのです。

「答えは自分の中にある」ということで相手に質問を投げかけるコーチングを、ビジネス現場で面談形式のミーティングとしてやると、どうしても相手を「問い詰める」という図式になってしまいます。

「年間目標を達成するためには、この4、5、6月……四半期でどうしよう？　明日から何をやる？」

といった感じです。

相手が答えに窮していると……。

「今、考えて答えが出ないのならば、次のミーティングまでにシートに書いておいてね」

と迫ります。

そして部下から出てくる答えといえば……。

「〇〇についての本を3冊読む」

「毎朝誰よりも早く出勤して頑張ります」

といった、仕事の成果に直接結びつく行動ではない〝姿勢〟や〝心構え〟に関するものばかり。

質問するリーダー、マネジャー側もそれが正解か否かわからないので、「じゃあ、まずはそれを頑張ってみよう」と、相手の出してきた答えのみを注視してしまうのです。

そして1カ月経ち……いざ「評価」の段階となっても、何を評価していいかが定量化されていないので、評価ができない。

結局、部下のミーティングに対する姿勢を〝主観〟だけで評価してしまう。

数字としての結果は出ない。

部下としては、自分が何を評価されているのかもわからない。

何をすればいいかわからない。先が見えない。不安になる。

だから辞めてしまうのです。

## 「評価の基準」がわからない?

もちろん、コーチングの存在そのものが悪というわけではありません。

コーチングは、スキルに成熟した人が行えば、高い効果を発揮することでしょう。

ただし、面談形式のミーティングを行うリーダー、マネジャーのほとんどは、コーチングの専門家ではありません。ですから、相手との質問のやりとり自体が適切ではなかったのかもしれません。


相手を評価する際の基準は、定量化されていることが原則です。

簡単にいえばそれは「数字」で表わされるもの。

第2章でお話ししたように、成果(=業績アップ)に直結する「ピンポイント行動」を部下に取らせ、成果を挙げさせることがリーダー、マネジャーの最大の役割なのですから、評価すべき(=定量化し、計測すべき)ものは、「行動」そのものでなければならないのです。

「毎朝早く出社した」……これは「成果に直結する行動」と呼べるものではないでしょう。ハイパフォーマーの行動を分解して、これが成果に直結していたと証明できれば話は別ですが。

そもそも「頑張る」「やる気を出す」は、行動ではありません。したがって、目標数字を設定することもできず、達成感、自己効力感を得ることもできない……。

これで成果が出ないというのは、当然といえば当然のことともいえるのです。

## 「成果」の定義がわからない?

「評価の基準」以前に、「成果」の定義ができていない企業があります。

こうした企業は「2・6・2の法則」や「8割の底上げ」という話をしても、あまりピンと来ていないようです。

そう、そもそも自社でパフォーマーを「2・6・2」とは分類していないというのです。

成果の定義は単純なことで、単に社員一人ひとりの業績を数値化すればいいだけ。

たとえば売上を上げることを求められている社員は、どれだけの売上を上げたか?

ということです。

では、数値化が難しそうな「間接部門」の社員は何を見ればいいか？

それは、営業部門などの売上をつくる人たちに対して、どれだけ自ら関わったのか？ つまり「能動的な接触頻度」であったり、その人が関わることで顧客からの信頼が増えたか？ つまり「入金の金額」や「ミスの軽減」などです。

ハイパフォーマーである間接部門の社員には、必ずこうした数値があるもので、それゆえにハイパフォーマーである、ということです。

こうした見地がなければ、「ハイパフォーマーの行動を分解して、成果に直結する行動を見つけ、8割の社員にも行動させる」こと自体ができません。

これではマネジメントをしようにもできないのです。

「無理に2・6・2という分け方をしてしまうと、下の8割のモチベーションが下がるだろう」

と考える経営者もいます。

そんな経営者に「では、どんなことで社員を評価しているのですか」とたずねると……。

「協調性があるかどうか」

「モチベーションが高いかどうか」

「リーダーシップがあるかどうか」

などということだといいます。

つまり、すべてが評価する側の主観。言い方を換えれば「好き嫌い」や「感覚」の問題になっているのです。

## 「○○さんの決めること」

このことは「無駄な会議、ミーティング」問題にも直結します。

成果の定義がない企業は、会議、ミーティングの一つひとつを、「どういう成果を挙げるためのものか？」と考える発想がありません。

したがって、なんとなく議題があって、なんとなく話が進んでいるだけ。

何かを決めなければならない会議であっても、結局は一人の意思決定者にすべてを委ねる、ということがゴールになってしまうのです。

たとえば商品開発において、商品名決めの会議があったとします。

多くの参加者が集うなか、さまざまな意見が出たとしても、「最終的には○○さん（トップ）の判断に任せて、ね」となるのです。

しかもその意思決定者である〝○○さん〟は、忙しくて会議に出席していない、ということも。

「じゃあ、次回に持ち越しということで」

……第1章でお話ししたように、会議、ミーティングがまったくの無駄となっているのです。

# 031

# トップ2割のハイパフォーマーに、長時間のミーティングはいらない

評価の基準や成果の定義がない企業、すべての社員を一様に見ている企業は「2割のハイパフォーマーと8割のその他」という見方をしていません。

実は、2割のハイパフォーマーには、本来、面談形式のミーティングは重要ではありません。

なぜなら……「放っておいてもできるから」です。

これも第2章でお話ししたように、〝行動自発率〟が高いハイパフォーマーは「喜びを感じて仕事をしている」「自らやりたくて、自発的に仕事をしている」。それが彼ら彼女らがハイパフォーマーであるゆえんなのです。

「余計なことは言わなくても大丈夫。ちゃんと成果を挙げますから」

それが本音といったところでしょう。

ところが、残り8割の人たちは、そういうわけにはいきません。

## ハイパフォーマーの行動を分解して
## ピンポイント行動として伝え

## 動機付け条件を知って行動自発率を高め

## 行動の増減を計測

するなどの施策が必要なのです。

# 「毎日1分」のミーティングで十分

ミーティングは、まさに「8割の底上げ」のために行う「日々のコミュニケーション」であるべきです。

「そんな、毎日ミーティングをやらなければならないなんて……」

「プレイングマネジャー受難の時代」などと言っておきながらまた酷なことを、とお思いかもしれませんが、ご安心ください。

ミーティングに、時間をかける必要はありません。

「長くても1分」

これが私が推奨する、忙しいリーダー、マネジャーのためのミーティングの在り方です。

ただし、大切なのは〝頻度〟です。
できれば毎日行っていただきたいと思います。
次章で、そのポイントについてお話ししましょう。

# 1minute Action!

□ 組織やチームにおける「成果」を定義する

□ 「成果に結びつく行動」を定量化する

□ 部下を「2割のハイパフォーマー」と「その他8割」に分ける

□ 「2割のハイパフォーマー」は、基本、放っておく

□ 「その他8割」と、「1分ミーティング」で毎日コミュニケーションを取り、「成果に結びつく行動」を促す

# 第5章

# 1分ミーティングの効果とやり方

# 032

# 「そんなこと、ウチはもうできてますから（怒）」

この章では、時間をかけずに、職種、年代、属性等を問わずに誰もが簡単にできる職場コミュニケーションのコツを紹介していきます。

まずあなたに知っておいていただきたいのは……。

「今、多くの職場では、上司（リーダー、マネジャー）と部下がほとんど接触していない」という事実です。

この事実を自覚していただかなければ、これからお話しするノウハウは、あなたにとって役に立たないもの、あるいは「もうできてる」で終わってしまうかもしれません。

実際に、私たちが行動科学マネジメントの研修で企業を訪れ、「まずはもっとリーダー、マネジャーと部下との接触を増やしてください。そのためには……」と提案をはじめると……。

「いや、そんなこと、ウチはできていますから」と怒り出す人がいます。

「世間では〝リモートワーク〟がさかんに実施されているなか、ウチはちゃんと毎日全スタッフが出社しているんですから」

「私たち管理部門は、毎日毎日机を並べて仕事しているんです。今さら接触だとかコミュニケーションだとかに気を遣う必要はありません」
「心構えではなく、もっと実践的で高度なノウハウを教えてくださいよ」

……ここまでお読みいただいたあなたは、行動科学マネジメントが「心構え」やスローガン、精神論を問うようなマネジメントとは真逆のものということはおわかりいただけると思います。

しかし現実的には、多くの企業で「部下との接触頻度を増やす」「コミュニケーションを再考する」ということは「すでにできていること」であり、「今さら……」という認識が強いのです。

ところが、私たちの提案する施策をしていたかというと、実際にはそんなことはない……。

「あらためてやってみたけれど、すごい効果ですね」
「職場が変わりましたよ！」

やってみてはじめて、そう言っていただけるのです。

## 「認知の歪み」に注意

「ウチは（コミュニケーションに関しては）問題ない」
「すでに接触はさかんだ」

このような現実とは無縁の勝手な〝思い込み〟を、心理学、行動科学の世界で「認知の歪み」と呼びます。

実はこの認知の歪みは、ビジネスマネジメントの現場にさまざまな弊害を与えています。

たとえば第3章でお話しした〝叱れないリーダー問題〟。

「自分はプレイヤーとしての実績がないから部下を叱るなんてできない」などという思い込みは、上司の「優秀なプレイヤーでなければ優秀なリーダーになれない」という「認知の歪み」によるものです。

また「なんで部下に〝感謝〟を表明するんですか？」「お金以外に仕事の報酬なんて

考えられない」というトータル・リワードの考え方に対する反発も、現実とはまったくズレている。これも認知の歪みが引き起こしているものです。

さらには、「先人から受け継いできた慣習は踏襲すべきだ」という考えも、組織レベルでの認知の歪みといえるでしょう。

認知の歪みにとらわれたままでは、新しい試みはなかなかできないものです。

「自分は部下からの信頼が厚い」
「自分は部下にバカにされている」
「あの部下は自分と話そうとしないから苦手だ」
「腹を割って話すには飲みの席しかない」
「いちいち部下をほめていたらナメられる」
「新しいことをはじめると、周りから叩かれる」

……このようなさまざまな思い込み、認知の歪みを、この際すべて捨てましょう。

# 033

# 「1分ミーティング」は、部下にも自分にも、「負担」が少ない

私たちが提唱する人間の行動原理に沿ったマネジメント、コミュニケーションは、いたってシンプルなものです。

そのシンプルさゆえに「こんな初歩的なことまでやるの？」「子どもじみているのでは？」と思われることもありますが、人は、複雑なもの、行動の負担がかかるものを敬遠するというのが、人間の行動原理なのです。

そして「子どもじみている」というのも当たり前。子どもも人間なのですから、その行動原理に変わりはありません（だから行動科学マネジメントは、ビジネスのみならず育児や教育の現場でも用いられるのです）。

第2章で、人が行動するしくみとして「先行条件」「行動」「結果」のお話をしました（「ＡＢＣモデル」）。

これらの要素をコントロールすることで、人は行動を起こしやすくなり、物事を継続すること、習慣化することができます。

「行動したくなるように」工夫することで、〝先行条件〟をコントロール。

「行動が容易になるように」工夫することで、〝行動〟をコントロール。
「行動の結果にメリットを与える」工夫で、〝結果〟をコントロール。

簡単にいえば、これが行動マネジメントの「続ける技術」の基本です。
物事を継続しないように、すなわち間違った行動をやめさせたり悪習慣を絶つには、この逆を行えばいいわけです。
シンプルなマネジメントは、まさに行動を容易にするためのもの。

「人は、面倒なことはしない」

という、行動原理を念頭に置いてください。

## 新しいコミュニケーション習慣「1分ミーティング」

私が提唱する部下との接触機会、日々のコミュニケーション……それは基本的には、リーダー、マネジャーと部下とによる「1対1のミーティング」というかたちのものです。

名付けて「1分ミーティング」。

1対1のミーティングは、長時間になると、実行する上司（リーダー、マネジャー）のスキルやセンスに、その効果が左右されますが、「1分ミーティング」のように、短い時間だと、センスやスキルに左右されにくく、誰でもすぐに実践することができます。

「1分ミーティング」は、ミーティングというよりは、どちらかというと「日常の習慣」と捉えていただいたほうがいいでしょう。

# 034

# 「1分ミーティング」で部下の「行動」や「価値観」を把握できる

1分ミーティング導入の目的は……。

「部下との接触回数を増やし、定量化する」

ということに尽きます。

ここでいう接触とは、上司と部下の対面接触です。

前述のように、多くの企業が、「部下との接触は十分行っている」と考えているようです。

しかし現実には、リーダー、マネジャーと部下の間には大きな溝があり、その溝によってさまざまな「認知の歪み」が発生したり、リーダー、マネジャーが部下の行動を把握できない、という状況にあります。

部下の行動を把握できない、どんな行動が部下にとってのハードルとなっているのかがわからなければ、当然のことながら、部下に適切な指導をすることはできません。

なぜ部下との対面接触回数を増やさなければならないか？

それは……。

「部下が何をしているのか？」

「何をするつもりなのか？」

「何に困っているのか？」

を、逐一観察するため、ということです。


対面接触の回数が増えることで、信頼関係が構築されます。

対面接触には2つの種類があります。

ひとつは「業務上の進捗管理を目的とした」接触。

そしてもうひとつは、「部下の育成を目的とした」接触です。


毎日対面で接触している上司と部下であっても、「部下が上司を信頼していない」ということもあります。そういう場合には、実は「業務上の進捗管理を目的とした」対面接触だけをしている、ということが多いのです。

前述の「そんなこと、ウチはもうできてますから！」と怒り出す人のなかにも、このケースがあるでしょう。

たとえば私たちが実際にさまざまな企業でアンケートを採ってみると、「（部下と）接触はしている」と答える上司が10人中6名前後います。

しかし部下へのアンケートでは、「上司がぜんぜん、関わってくれない、教えてくれない」という答えが出てきます。

それでも上司は「いや、関わっているし、教えているよ！」と反論してくるのです。

明らかに「信頼関係」が築けていません。

「業務上の接触をしていれば、部下は信頼する」わけではないのです。

それに対してこの1分ミーティングは、部下の育成を目的として行うものです。

リーダー、マネジャーは部下が今どこでつまずいているのか？　を観察して特定し、つまずきを解消する具体的なやり方を教える必要があるわけです。

実際、「部下の行動を観察している」という上司の数は、10人中1人いるかいないかといったところでしょう。

1分ミーティングは、その機会なのです。

## 接触回数が増えれば、「価値観」＝「動機付け条件」もわかる

部下の価値観、すなわち「動機付け条件」を知ることも、接触回数を増やすことで可能となります。

部下が「何をごほうびとして」働くのか？　お金なのか？　時間なのか？　あるいは「感謝の言葉」なのか？　「社会への貢献」なのか……。

こうした価値観がわかれば、部下にかける言葉や称賛のポイントもおのずとわかるはずです。

たとえば（今はあまり見受けられませんが）「社内での出世こそすべて」という価値観を持った部下に対して、「何よりも家庭を大事にしなきゃダメだ。だから早く帰るように」と声をかけたとしても、それはその部下にとっては「余計なお世話」にしかなりません。

逆に「プライベートを充実させたい」という価値観を持つ部下を「もっと頑張れば

どんどん仕事が舞い込むぞ！」「来年は課長だな！」などと持ち上げても、「おいおい、勘弁してくれよ」となるでしょう。

「この会社は自分のことをわかってくれていない」

そう感じた人は、すぐに辞めてしまうかもしれません。

これはリーダー、マネジャーだけの問題ではなく、企業存続の問題でもあるわけです。

# 035

# 「1分ミーティング」で「信頼関係（の土壌）」を構築できる

米国の心理学者ロバート・ザイアンスの提唱する「ザイアンスの法則」というものをご存じでしょうか？

「人は、面識のない相手に対しては攻撃的になるが、接触回数が多いほど、相手に対して親近感を覚える」

「相手の人間的な部分を見ると、好意を持つ」

というもので、たとえば「営業マンが成約を獲得するためには、顧客への訪問回数が勝負だ」「お客様には自分の家族の話をするべし」などというように、ビジネスの世界でもよく使われるものです。

マネジメントに関しても、この法則は当てはまります。

リーダー、マネジャーと部下との接触回数が多ければ、相手に対する親近感も増し、信頼関係が構築されます。

リーダー、マネジャーと部下の間に信頼関係がなければ、部下は本音を語ることもなく、自身が抱えている問題を明かすこともないでしょう。

それは逆の立場でも同様です。リーダー、マネジャーが部下を信頼していなければ、部下に対して適切な指示を出し、相手に成果を出してもらおうという気にはなれないはずです。

「部下との信頼関係が構築できているか、自信がない」という悩みは、実際にとても多いものです。

「たとえば一発で信頼関係が築けるような『言葉』とかって、ないんですかね？」

「やっぱり一度飲みにでも行って、じっくり腹を割って話してみますかね？」

「配置換えをして、常に自分のそばで仕事させますかね？」

……いろんな意見を言ってくるリーダー、マネジャーが多いのですが、「それ以前に、毎日部下と会話を交わしていますか？」と聞くと……多くの人がシュンとなってしまいます。

普段何の関わりも持たない人が、たまに会って「困っていることはないか？」「本音を語ってくれ」といったところで、うまくいくはずがないのです。

# 036

# 最初は、「定量化」して、数字で計測する

当然のことながら、1分ミーティングは単なるスローガンではなく、制度として導入していただきたい手法です。

「部下との接触回数を増やさなければいけないのはわかった。だから、今度からもっとよく話すようにしますよ」

……それではダメなのです。

ルールとして職場に導入し、定量化(数字で回数を表せるようにする)しなければならないものです。

なぜか?

それは、そうしなければ「やらないから」です。

「部下との接触回数を増やそう」

そう決めて増えていくのは、第4章でお話ししたような、リーダー、マネジャーにとって「話しやすい部下」との接触でしょう。

「話しやすい部下」は「できる部下」、上位2割のハイパフォーマーである場合が多いものです。

では「底上げすべき」残り8割の人たちは?

悪くいえばリーダー、マネジャーから〝放っておかれる〟ということです。

今の時代に8割の底上げができない企業の未来が危ないということは、これまでのお話でもうおわかりでしょう。「話しやすい相手とだけ話していればいい」というのんきな時代ではないのです。

また、ただ単にルールとして導入するだけではなく、必ず定量化して計測をすることも必要です。

何を計測するかといえば、「実行した回数」です。

「1分ミーティングを、誰と、何回行ったか?」

これは必ずチェックし、できればリーダー、マネジャーはさらにこのチェックシートを上に提出するルールを設けるべきでしょう。

計測は行動科学マネジメントにおいて非常に重要な作業です。「どれだけやればうまくいくのか？」という効果測定としての目的は当然のこと。

そしてそれ以外にも、やったことが数字で表れるのが、自分へのフィードバック＝ごほうびとなるのです。

そしてごほうびは動機付け条件として、行動を継続させます。

これはセルフマネジメントにおいてもまったく同様。たとえばダイエット時に体重を計測することで、目標へ向けて減っていく体重が自分への励みになる……というわけです。


1分ミーティングを継続するという目標を立てたなら、「実行した」ということを必ず計測するようにしましょう。

037

# 1分ミーティングを「習慣化」する

継続した行動は、やがて「習慣」となります。

行動科学マネジメントには「物事は3カ月続ければ習慣となる」という目安が設けられています。

ですから、1分ミーティングも、まずは3カ月続けることができれば、あとは習慣として職場に根付くでしょう。

なぜ習慣化すべきなのか？

部下の立場からすれば、1分ミーティングでフィードバックを「定期的に得られる」ことで、自身の「成果に結びつく望ましい行動」も常に継続でき、自分自身がそれを「行動習慣」とすることができるからです。

そしてリーダー、マネジャーの立場からすれば……。

これもまた「(習慣にならないと)やらないから」ということですね。

「あーあ、あいつと話すの、嫌だな」

「今日はやめとくか」

などといって、後回しにしてしまう。
これでは、現状は何も変わりません。
決まった時刻に決まった時間、実行し、それを計測する……。
こうして行動を継続させ、それが習慣となってしまえば、もう心配はいりません。
「嫌だけれど、仕方なくやる」
そんな作業も、習慣であれば自然にやるもの。むしろやらなければ気分が悪い……
とまでなるでしょう。

まずは3カ月続けることを目標に、スタートしてください。

1分ミーティングの基本①

# 038

# 時間は「1分」、回数は「毎日」を目指す

1分ミーティングの最大のポイントは、文字通り「ミーティングの時間は1分」という、超ショートミーティングであることです。

――**部下の行動を把握**

――**部下の価値観を確認**

――**信頼関係の構築**

これだけのことを1分でやれるわけがない！　と思うかもしれませんが、心配はいりません。

毎回の1分ミーティングで確認すべきは、「行動の把握（確認）」のみです。「価値観の確認」や「信頼関係の構築」は、いってみればこの1分ミーティングという接触機会、コミュニケーションのなかで自然に出来上がっていくものですので、そのための施策に時間を割くことを考える必要はありません。

ミーティング中は、最初はタイマーで1分という時間を区切ってみるといいでしょう。そして1分経ったら、話の途中であっても終了です。

本当はあまりにも厳密に1分という時間を区切る必要はなく、時間が許すのならば2分でも3分でも構わないのですが、それをチームメンバーすべてと行うのは難しいはずです。好きな相手とは長話、苦手な相手とはすぐに終わらせるのでは、これまでと変わりません。

「チームメンバー全員、均等に1分ずつ」を基本としましょう。

## ――1人につき1回1分／週1回

では、どのくらいの頻度で行うべきか？

ずばり「毎日」を目指します（もちろん休日除く、です）。

ただし、いきなり「毎日やってください」というと、とても大きなハードルに感じる人もいます。

そんな人はまずは「1週間に1回」からはじめても結構です。

チームメンバーが5人いたとしたら、月〜金で1日1人ずつ、という計算です。

からスタート。

←

——**1人につき1回1分／毎日**の習慣化をゴールとします。

「毎日全員とミーティングなんて無理ですよ」というリーダー、マネジャーも、「毎日1分だけ時間を空ける」というイメージだと、気がラクなようです。

そしてその後はすんなりと「毎日全員と1分ずつのミーティング」を実行できるようになっています。

行動科学マネジメントには「系《けい》統《とう》的《てき》脱《だつ》感《かん》作《さ》法《ほう》」というテクニックがあります。これは「いきなり大きなゴールを目指すのではなく、いくつものスモールゴールをクリアしていき、最終的な大きなゴールにたどり着く」というもの。

「毎日全員と」が大きすぎるゴールと感じるのならば、「ちょっとずつ」からはじめればいいのです。

1分ミーティングの基本②

# 039

# 「場所」はどこでもいい

「1対1のミーティング」

といえば、まさに「個人面談」を思い浮かべる人が多いでしょう。

別室に上司がいて、「次の人どうぞ」と呼ばれて入っていく……。そんな緊張感のあるミーティングです。

しかし、1分ミーティングはそのような緊張感は排除します。

行う場所は基本的には「どこでも」結構です。

ただし、習慣化することを考えれば、できれば毎回決まった場所で行うことが望ましいでしょう。

時間は朝一番、始業時がわかりやすいと思います。

部下が出社してきたら、リーダー、マネジャーがその部下のデスクへ行き……。

**「田中君おはよう。えっと、今日は何するの？」**

……そんな感じで1分間、でいいのです。

だから、いわゆる「立ち話」レベル。別室を押さえておくだとか、資料を準備しておくだとか、あるいは緊張感を伴うだとかの「行動のハードル」になるような要素など、不要です。

オフィスのスペースに余裕があるようでしたら、立ち飲み屋さんにあるような小さなスタンドテーブルを用意してもいいでしょう。

また、「周りの人に話が聞こえないように」という配慮も不要です。プライバシーに関わるような秘匿性のある会話は、1分間のこのミーティングでは行う必要はないからです。

「立ち話感覚で1分間だったら、ハードルが低いからすぐにできそうだ」

と思われるでしょう。

しかし、これでも「難しい……」というリーダー、マネジャーがいます。

「上司である自分から部下のところへ行って声をかけるなんてことは、なかなかできない」

「なぜそこまでしなければ？」

というのが、そんなリーダー、マネジャーたちの言い分です。

そう、例の「認知の歪み」が邪魔をしているのです。

この傾向は、特に役職や年代が上の人、大企業の人に強く見られるものです。

そして一方の部下はといえば……。

こちらもまた「自分から上司に報告をするのが当たり前」といった常識を持っているとは限りません。

その結果、お互いのコミュニケーションがなくなっていくのです。

認知の歪みを捨て、新しい試みをしない限り、現状を変えることはできません。

そしてその作業は、決して面倒なことではないのですから。

1分ミーティングの基本③

# 040

# 「名前」を呼び、相手の「目」を見る

1分ミーティングに限ったことではありませんが、部下の「名前を呼ぶ」ということは、リーダー、マネジャーにとってとても大切なことです。

「そんなこと当たり前にやっているよ」

という人はいいのですが、この章の冒頭でお話しした「(部下との接触は)ウチはもうできていますから」と怒り出すリーダー、マネジャーの多くが、「いちいち名前を呼んでいない」というのです。

これも認知の歪みです。「気に入らない部下は、気に入らないから名前も呼びたくない」……冗談のようですが、実際、ビジネスの現場で多く見られることなのです。

そして、私たちの提案を嫌々ながらも受け入れたリーダー、マネジャーが部下の名前を呼びはじめると……そこに少しずつ行動が発生します。「部下が上司に相談を持ちかける」頻度が大幅に高くなるのです。

なぜこうした変化が生じたか？

それは、部下の「存在承認欲求」が満たされたからです。

特に今の若者に強い傾向ですが、人には、他者に「認められたい」という承認欲求というものがあります。

SNSで「いいね！」をもらえるのがうれしい、だから投稿に力を入れる……というのは、まさにこの承認欲求を満たさんがための行いです。


承認には「結果承認」「行動承認」「存在承認」の3つの種類があります。

「結果承認」。ビジネスでいえば、仕事の「結果」「成果」への承認です。

この〝結果承認欲求〟を満たす行為は、マネジメントでも多くの企業がやっていることです。要するに「成績を称賛する」「よくやった！」とほめることですね。

行動科学マネジメントが特に着目するのは、「行動承認」と「存在承認」です。

行動承認とは、「行動したことを認めてあげる」というものです。たとえば決められたピンポイント行動（訪問回数やルーティンワーク）を観察、計測し、クリアできていれば、すなわち行動が発生していれば称賛する、というものです。

そして存在承認。これは特に「2・6・2」の下位2割の〝存在自体を疎ましく思われている〟「ローパフォーマー」の底上げの際に有効です。

また、達成すべき数値目標を設定しづらく〝ミスがないことが基本〟で〝認められることがなかなかない〟「間接部門」のスタッフを認める際にも重要な視点です。トータル・リワードにもあるように、「あなたがいてくれてありがとう」という「感謝と認知」は、大きな動機付けとなるのです。

相手を「○○さん」「○○君」と名前で呼ぶだけで、相手の〝存在承認欲求〟はその分満たされます。1分ミーティング中には、必ず相手の名前を呼ぶ機会を設けてください。

また、これも当たり前のことかもしれませんが、「相手と目を合わせる」ということも、相手の〝存在承認欲求〟を満たすうえでとても大切です。

私もいろいろな企業の現場でリーダー、マネジャーを観察していますが、部下と目を合わせていない人がとても多いことを実感します。

「あ、資料？　そこに置いといて」
「あの件、どうなった？」
「じゃ、お先」と目を合わせようともしないのです。これは相手の存在を否定しているようなものです。

「目を見る」……この簡単なことも、意識して行ってみてください。

1分ミーティングの基本④

# 041

# 会話の中心は「今日は何をするの？」

1分ミーティングでは、何を話せばいいのか？

部下の行動を把握することが目的ですから、基本的には「スケジュールの確認」となります。

問いかけとしては「今日は何をするの？」くらい簡単なものでいいのです。

あとはフリートーク。せっかくルール化したコミュニケーションの場なのですから、1分という短い時間ながらも、会話を楽しむようにすべきです。

とはいえ、「今日は何をするの？」というスケジュールの確認も、ローパフォーマーに対しては案外聞きづらい……という声も多くあります。

なぜかといえば、ローパフォーマーは上司の存在を「煙たいもの」と思いがちで、スケジュールの詳細を明かしたがらないからです。

上司は上司で、そんな部下の考えが見えてしまう。それでお互いに避け合い、距離ができてしまうのです。

お互いが相手を「面倒だから放っておきたい相手」と捉えてしまうわけですね。

それでも上司が「今日は何するの？」と聞くと、相手によっては「いや、スケジューラーに書いてあります～……」と反発する場合もよくあります。

「行動の結果がデメリットになるならば、人は行動を繰り返さない」のが人間の行動原理ですから、部下にスケジュールを確認してそのような反応をされた上司が「もうコイツには関わらない」となるのも、仕方がないことでしょう。

では、どうすればいいのか？

私の答えは、「それでも続けてください」というものです。

接触回数の多さが積み重なることで、信頼関係を築くことにつながります。ですから、相手の反応には構わず、毎回問いかけを繰り返すのです。

その繰り返しの果てに、部下との信頼関係を築くことができ、部下も行動を発生させローパフォーマーから抜け出した、という例はいくつもあります。

だから、1分ミーティングを「習慣」にして、否が応でもコミュニケーションの機会を持つことが大事なのです。

# 042

# 1分ミーティングでのNG事項

1分ミーティングは、前述のポイントさえ押さえておけば、あとは比較的フリーなコミュニケーションの時間です。こうした「部下との接触」を繰り返すこと自体が、信頼関係を築くことにつながる、と捉えましょう。

ほめるところがあればほめる、というのも、相手を認め、動機付けを与えるという面で、もちろん大事です。

ただし、ほめるべきはなるべく相手の「行動」であるようにしてください。相手の人間性をほめることも悪いことではありませんが、部下からすればたとえポジティブな内容にせよ「そこまで（内面に）踏み込まれたくない」と思う場合もあるのです。

これは「叱る」際も同様です。叱る、注意すべきは「行動」であり、相手の内面を否定するようなことはしてはいけません。

また、行動を把握し、間違った行動があればその行動を発生させないようにする、ということも、1分ミーティング内でできる作業です。

その際のコツをお伝えしましょう。

それは、**「（1分ミーティングで）部下が発言した行動計画のなかで、成果に直結しないと思われるものには、相づちを打ってはいけない」**ということです。

たとえば、あまり緊急性がないものを当日の行動計画として発言してきた場合に、それに対して「うん」と言ってはいけません。

「来月の企画を今のうちにもう一度考え直してみようと思います」

これが成果に直結するものでなければ、「うん」とか「なるほど」「ほう」などと同調するのはNGです。

どうするべきかといえば、**「……他には？」と、流してしまう。否定ではなく、「消し込んで」しまえばいい**のです。

部下の言葉に対して「それはやらなくていい」「そんなことをしてはダメ」などの否定をすれば、いったんは否定した行動が発生しなくなるでしょう。しかし1週間もすればもとに戻り、さらに否定した行動が増えていきます。

実はこのことは、２１８ページでお話しした「承認欲求」と関わりがあります。否定される部下は「結果を出せていない」ことが多いものです。

・結果を出せていないから、「結果承認」をもらえない。
・結果を出せないのは結果に結びつく行動をしていないから。だから行動承認ももらえない。
・結果も出ない、行動もしない部下は、存在承認ももらえない。
そしてそんな部下にとっては、「否定されること」が「存在を承認される機能」になってしまっているのです。

もちろん本人は無意識とはいえ「(存在を) 認められたくて否定される」ということです。


ですから、「否定」(「やらなくていい!」) ではなく、スルー=「消し込む」(「……他には?」)。

反応するとその行動が増えていくので、反応しない。

これを行動科学マネジメントで「行動の消去」と呼んでいます。

# 043

# 1分ミーティングで、「報告・連絡・相談」が自然発生する

「1分ミーティングは『報告・連絡・相談』の場と考えていいのでしょうか?」

という質問がありました。

もちろん、1分の間に報告・連絡・相談が盛り込まれることは構いませんが、1分ミーティングのそもそもの目的は「コミュニケーション」そのものにあります。報告・連絡・相談とは別モノと考えるべきでしょう。

そもそも、あらたまって報告・連絡・相談の時間を設定すること自体があまり正しいことだとは思えません。報告・連絡・相談は、日常のなかで、必要に応じて行われるべきものです。

問題なのは、その「日常」が、報告・連絡・相談を容易にできるものになっていない、ということです。

そう、「リーダー、マネジャーと部下との接触がない日常」になっているのです。

「報告・連絡・相談がない」

「日報を出さない」

「スケジュールを守らない」

「やる気が感じられない」
「指示を無視する」
「突然辞める」

……こうしたリーダー、マネジャーにとっての〝部下への不満〟のほとんどすべては、接触回数を増やし、コミュニケーションを密にし、信頼関係を築くことで解決できるものばかりでしょう。

「強制されることなく、機会を設けることなく、報告・連絡・相談が自然発生する組織」こそが、私たちが目指すべき組織の在り方です。

044

# リーダー、マネジャー自身も、行動をチェックでき、成長できる

## 「自ら部下のところへ行き、『今日は何をするの？　○○さん』と相手の目を見て会話する」

言ってみれば、１分ミーティングでリーダー、マネジャーがすることといえば、それだけです。

あまりのシンプルさゆえに行動科学マネジメントが「子どもじみている」としばしば誤解されるというのも、ご理解いただけるのではないでしょうか？

しかし、「自ら部下のところへ行く」ことも、「今日は何をするのか？」を聞くことも、「名前を呼ぶ」ことも、「目を見る」ことすらもできていないリーダー、マネジャーが大勢いるのが現実です。

ただし、〝認知の歪み〟に気づき、行動を繰り返すことができれば、結果はおのずとついてきます。

そのためには、リーダー、マネジャー自身も自分の行動を計測し、客観視することが必要でしょう。

たとえば1分ミーティングのみならず、
1日のうちに何度名前を呼んだか？
何度相手の目を見たか？
何度自ら部下のもとに近づいたか？
といったことを、チェックシートにチェックするのです。

はじめは1日1回でも上出来です。その回数がだんだんと増えていくのを目の当たりにすることで、リーダー、マネジャー自身の動機付けとなります。

接触回数の増加によって部下が結果を出し、それが業績となって表れることは、リーダー、マネジャーとしての自分の成果です。この成果がまた自身に達成感、自己効力感を与え、さらに部下とのコミュニケーションが密なものになってくる……。

こうしたスパイラルに入れば、組織は自動的に活性化します。

自分のことだけでも大変なプレイングマネジャーにとっても、理想的なしくみとなるわけです。

まずは自分自身のチェックからはじめてみてください。

## 1minute Action!

- □ タイマーで1分計測する
- □ 「今日は何をするの？」と質問する
- □ 1分経ったら、会話の途中でも終了する
- □ 名前を呼んだ回数、目を見た回数をチェックシートに書き込む
- □ まずは1週間に1回、慣れてきたら平日毎日「1分ミーティング」を行い、3カ月続ける

# おわりに

「週に2回だけ、30分歩いてみる」

何のことかといえば、私がそれまで全く経験のなかったマラソンにチャレンジする際にランニングの専門家から指示された「まずやること」です。

それからの私は、数々のフルマラソンはもちろん、１００キロのウルトラマラソン、各種トライアスロン、サハラ砂漠横断マラソン、さらには南極でのアイスマラソン、アマゾンのジャングルでのトレイルランなど、いくつもの過酷なチャレンジを繰り返してきました。

でも、〝はじめの一歩〟は「30分歩く」ということ。

「よし、やってやるぞ！」

という決意もありませんでした。

「何が何でも続けなければ」

という使命感もありませんでした。

ただ「30分歩く」という極めて容易な行動に踏み出しただけです。

それが「自分にもできた」という達成感を生み、「自分はこれだけのことができるんだ」という自己効力感を生み、それらが動機付けとなり、少しずつ次のゴールへの行動を繰り返し……。

アフリカの砂漠へ、南極大陸へ、アマゾンのジャングルへと自分を送り出すことになったのです。


はじめの一歩は簡単でいい。いや、簡単でなければならない。

それが習慣となったとき、次はもっと先の素晴らしい世界が見えてくる。


あなたが部下に実績を出させるリーダー、マネジャーになるためのはじめの一歩は何かといえば……。

明日、部下の元へ行き、「今日は何をする？」と聞くこと。

それだけです。

決して難しい行動ではないはずですよね。

しかしそれが習慣となれば、自動的に信頼関係が深まり、部下は成果に直結する望ましい行動を繰り返すようになり、達成感、自己効力感を得て自発的な行動を取り、実績を出すことでしょう。

そんな部下の存在は、あなたの大きな動機付けとなるはずです。

大丈夫。あなたが行動すれば、すべては自動的に進み出します。

忙しいあなたが、リーダー、マネジャーとしてより一層活躍できますように。

石田淳

2019年4月吉日

【著者紹介】

## 石田 淳（いしだ・じゅん）

株式会社ウィルPMインターナショナル代表取締役社長兼最高経営責任者。社団法人行動科学マネジメント研究所所長。一般社団法人組織行動セーフティマネジメント協会代表理事。米国行動分析学会 ABAI（Association for Behavior Analysis International）会員。日本行動分析学会会員。日本ペンクラブ会員。日経BP主催『課長塾』講師。

米国のビジネス界で大きな成果を上げる行動分析を基にしたマネジメント手法を日本人に適したものに独自にアレンジ、「行動科学マネジメント」として確立。現在は、行動分析に基づいた「パフォーマンス・マネジメント」を日本企業に導入するためのコンサルティングに取り組んでいる。支援企業・団体は数十人～数万人規模の組織まで多岐にわたる。趣味はトライアスロン&マラソン。

著書に、『教える技術』シリーズ（かんき出版）、『組織が大きく変わる「最高の報酬」』（日本能率協会マネジメントセンター）、『短期間で社員が育つ「行動の教科書」』『8割の「できない人」が「できる人」に変わる！行動科学マネジメント入門』（ダイヤモンド社）、『最高のチームに変わる「仕組み」のつくり方』（実業之日本社）など多数。

株式会社ウィルPMインターナショナル　https://www.will-pm.jp/
石田淳オフィシャルサイト　http://jun-ishida.com/

編集協力　：中西 謡
ブックデザイン：三森 健太（JUNGLE）
DTP　：有限会社クリィーク

# 1分ミーティング

2019年5月18日　第1刷発行
2019年6月3日　第2刷発行

著　者——石田淳

発行者——徳留慶太郎

発行所——株式会社すばる舎

〒170-0013　東京都豊島区東池袋3-9-7 東池袋織本ビル
TEL　03-3981-8651（代表）　03-3981-0767（営業部）
振替　00140-7-116563
http://www.subarusya.jp/

印　刷——中央精版印刷株式会社

落丁・乱丁本はお取り替えいたします

ISBN978-4-7991-0809-3